NEIGSCHMEGGD

SCHWÄBISCH
VEGAN

JOHANNES BERRETH DENNIS DREHER
JOHANNES F. KRETSCHMANN

NEIGSCHMEGGD

Inhalt

VESPER 103

SÜSSES 121

Los goahts!

EINFÜHRUNG

NEIGSCHMEGGD IN DIE SCHWÄBISCHE KÜCHE

SCHWÄBISCH OHNE FLOISCH? HA, DES WOISCH!

Grüß Gott, da sind wir! Hat jemand auf uns gewartet? Wie auch immer, da wir jetzt eben da sind, präsentieren wir euch die wohl umfangreichste Rezeptsammlung schwäbisch-veganer Gerichte auf dem Buchmarkt.
Wir, das sind Johannes und Dennis. Zwei Schwaben, zwei gelernte Journalisten, aber nur ein Veganer. In vielem verschieden, aber doch ähnlich genug, um sich bei der Arbeit an einem gemeinsamen Kochbuch nicht an die Gurgel zu gehen. Johannes, vielleicht habt ihr das anhand der Porträt-Fotos bereits richtig erraten, ist die vegane Hälfte von »Neigschmeggd«. Er ist in der Küche meist die Ruhe in Person (Ausnahmen bestätigen die Regel) und hochmotiviert, andere von einem veganen Lebensstil zu überzeugen. Belehrend ist er dabei nie. Das weiß auch Dennis zu schätzen, der Fleisch isst, in der Küche eine viel zu geringe Stresstoleranz mitbringt und mit einem eigenen Kochbuch eigentlich nur ins Nachmittagsfernsehen kommen möchte. An dieser Stelle Grüße an die Oma!

Videos auf TikTok

Und dann ist da, sozusagen als Bindeglied zwischen uns beiden, der gemeinsame Kochkanal »Neigschmeggd« auf der Videoplattform TikTok. Der ist nicht nur Ausgangspunkt für dieses Buchprojekt, sondern auch eng damit verwoben. Der Clou: Zu jedem der hier abgedruckten Rezepte gibt's das passende Video auf TikTok. Einfach den jeweiligen QR-Code scannen, zurücklehnen und dann bitte auch irgendwann nachkochen!

Die Alternativen fehlen

Schwäbisch und vegan, diese Kombination mag ungewöhnlich wirken. Vielleicht stehst du gerade als Skeptiker im Buchladen deines Vertrauens, blätterst durch die ersten Seiten und fragst dich, was das eigentlich alles soll ...
Dann würden wir dich bitten, dir einmal das folgende Szenario vorzustellen: Sonntag, Familientag. Du betrittst mit Anhang und hungrigem Magen eine gutbürgerliche Gaststätte im Ländle – und freust dich heute auf ein rein pflanzliches Essen. Sollen wir die Pointe gleich vorwegnehmen?
Spielen wir das Spiel einmal bis zum Ende durch. Die Karte aufgeschlagen, erster Versuch: Zwiebelrostbraten mit Spätzle. Zweifellos lecker, aber nun wirklich nicht fleischfrei. Zweiter Versuch: Maultaschen mit Kartoffelsalat. Wenigstens ist das Fleisch hier versteckt, trotzdem nein! Versuch drei: Schupfnudeln mit Sauerkraut – und Speck! Warum in Herrgottsnamen muss da Speck drin sein? Dann endlich die Rubrik mit den vegetarischen Speisen: Kässpätzle. Punkt.
Na gut, dann eben nachfragen. »Pommes mit Salat haben wir.« Toll, da kann man auch gleich daheimbleiben.
Du tunkst also lustlos deine Pommes in das Ketchup, bestellst entnervt ein weiteres Bier (das dank des Reinheitsgebots ja immerhin rein pflanzlich ist) und setzt dich damit den skeptischen Blicken deiner Schwiegermutter aus.
Das kommt dir bekannt vor?

Keine Kompromisse

Nun können wir zwar nichts für das Verhältnis zwischen dir und deiner Schwiegermutter tun – aber an der Speisekarte, da wollen wir etwas ändern! Heute landen Wirte, die dem veganen Trend Rechnung tragen, schnell bei erzwungen wirkenden Übernahmen, zum Beispiel aus der indischen Küche. Wie aber wäre es, wenn man die ganzen Klassiker der schwäbischen Küche auch einfach rein pflanzlich bestellen könnte? Ohne jeden Kompromiss beim Geschmack?

Steckbrief Dennis

Do ben i aufgwachsa:
Em Rems-Murr-Kreis

Do hods mi noa verschlaga:
I ben jetzt en Berliner

Wo i mi neiliega kennd:
En dor Schwäbische Wurschd-salad – sogar wenn en dor Johannes gmachd hod

Domit kohsch mi jaga:
Kucha? I woiß ned

Mei beschdor Kochskill:
Scho während em Kocha satt werda

Mei Motto beim Kocha:
Hauptsach es schmeggd!

Reise durchs Schwabenland

Genau hier setzen wir mit »Neigschmeggd« an – und machen dabei auch vor Speisen nicht halt, die selbst bei manch einem Schwaben eher für Stirnrunzeln als für zusätzlichen Appetit sorgen. Saure Kuddla, vegan? Das geht nicht nur, das geht sogar überraschend gut! Vielleicht sogar besser als das Original.
Also haben wir uns an die Arbeit gemacht und alle Gerichte zusammengetragen, die wir an der schwäbischen Landesküche kennen und schätzen. Ist damit alles abgedeckt?
Vielleicht nicht! Denn – auch das ist uns bei der Recherche und durch die Kommentare unter unseren Videos noch einmal bewusst geworden – die schwäbische Küche ist eben kein geschlossenes System. Der in unserer Gegend (zwischen Ostalb und schwäbischem Wald) gängige Briegel ist den Menschen schon ein paar Dutzend Kilometer entfernt kein Begriff mehr. »Nonnenfürzle« gibt's vor allem im Allgäu, und ob »Laubfrösche« außerhalb der Stadtgrenzen Bietigheims direkt als Hauptspeise erkannt würden, kann auch bezweifelt werden.
Begebt euch mit uns auf eine Reise durch die Vielfalt des schwäbischen Essens, von den Klassikern bis hin zu lokalen (und auch uns zuvor unbekannten) Köstlichkeiten. Egal also, ob ihr auf der Suche nach einem gehaltvollen Frühstück, nach einem frischen Salat, nach einer wärmenden Suppe, nach einem deftigen Mittagessen, einem herzhaften Vesper oder einem süßen Nachtisch seid – hier werdet ihr garantiert fündig.

Schon vegan?

Sprechen wir über die vegane Komponente bei »Neigschmeggd«: Vielleicht seid ihr ja gerade dabei, zunehmend auf Fleisch oder andere tierische Produkte zu verzichten. Vielleicht tut ihr das schon längst. Vielleicht wollt ihr auch einfach nur weniger Fleisch essen als bisher. Weil sich euer Geschmack verändert hat? Wahrscheinlich eher nicht.
Wahrscheinlicher ist doch, dass ihr damit etwas fürs Tierwohl tun möchtet. Vielleicht fühlt ihr euch auch körperlich besser, nachdem ihr euren Fleischkonsum reduziert habt.

Die Heimat auf dem Teller

Die Sehnsucht aber, die bleibt. Sicherlich erinnert ihr euch noch nostalgisch an das Brutzeln und den Duft aus Omas Küche, an das Wasser, das euch langsam im Mund zusammenlief, an den Moment, wenn es dann endlich hieß »S'Essa isch ferdig!«
An das folgende Zusammensitzen am Esstisch mit all den Köstlichkeiten, die dort liebevoll und reichlich aufgetischt wurden. An das Gefühl von Heimat und Geborgenheit.
Lasst uns gemeinsam dafür sorgen, dass dieses wertvolle Kulturgut nicht verloren geht. Das klappt, indem wir es pflegen und vegan fit für die Zukunft machen. Damit sind wir bei der zweiten Komponente von »Neigschmeggd« angekommen, der kulturellen. Wir beide lieben das schwäbische Essen: Dafür, dass es schlicht und herzhaft ist. Bodenständig wie die Bewohner, die es erschaffen haben. Rustikal und deftig, mit dem Geschmack im Fokus, nicht dem Firlefanz der »Haute Cuisine«.
Warum sollte all das jenen vorenthalten sein, die auf tierische Produkte verzichten? In einer einst ärmlichen Gegend zumal, in der der Konsum von Filetfleisch eine jüngere Erscheinung ist. Eine Region, die eine jahrhundertealte Tradition des Linsenanbaus hat. Eben – schwäbisches Essen für alle!
Wir glauben an das Potenzial und die Kraft dieses Kulturguts, auch weit über die Grenzen des Ländles hinaus.

Der Dritte im Bunde

Als wäre das nicht schon genug, haben wir uns schwäbische Verstärkung ins Team geholt. Kein Geringerer als »JFK«, Johannes F. Kretschmann, – Poet, Freigeist und nicht zuletzt legendärer Autor des Online-Beitrags »Werden Pferde immer fetter?« (erschienen auf bluewin.ch) – präsentiert zu jeder Essenskategorie das passende Getränk – mit Wortwitz, fundiertem historischen Hintergrund und vor allem seiner unvergleichlichen Art, mit der er dieses Werk auf ein völlig neues Level gehoben hat. Aber genug der Worte, wir übergeben das Zepter an »Johannes zwei«.

dr Dennis und dr Johannes

Steckbrief Johannes

Do ben i aufgwachsa:
Em Ostalbkreis

Do hods mi noa verschlaga:
Zu de Badenser nach Freiburg

Wo i mi neiliega kennd:
En die saftige Briegelschmiere auf S. 117

Domit kohsch mi jaga:
I ess älles, was vegan isch – sogar em Dennis seine saure Kuddla

Mei beschdor Kochskill:
Pfannakucha ohne Pfannawendor en dor Pfanne wenda

Mei Motto beim Kocha:
Lieber z'viel als z'wenig Öl

SÜFFIGE GSCHICHTLE, HAIKUS & MUSIK

SO WIE MI GEITS KOIN
VO EIS VIER SEND MIR DREI GWIESS
DIA ZWOI OINZIGSCHTE

So etzet, guata Dag, schalömle, wia duat's?
Auch der schwäbische Mensch lebt bekanntlich nicht vom Brot allein, **it amol vo Ochsamaul, Schupfies, Leberkäs, Kratz & Co.** Leib und Seele (was altwürttembergische Pfarrer in protestantischer oder verschärfter pietistischer Mission angeblich als **Sääle** aussprechen) werden nicht nur von handfester Nahrung zusammengehalten. **Also nauf da Hompa, nei da Zenka, mit trockener Gosch ist nicht gut Kuttelnessen!**

Der Trank zur Speis

Küss die Hand, mein Name ist Johannes F. Kretschmann und ich präsentiere zu den bunten lukullischen Blumengebinden meiner Stammesbrüder Dennis und Johannes das jeweils süffigste Vasenliquidum. Dabei geht es mir jedoch nur vordergründig um die im Labor nachgewiesene Geschmackskongruenz zwischen Speis und Trank. Heutzutage macht ja eh jeder, was er will – und was am besten schmeckt, ist am erlaubtesten: warmer Weißherbst zum Grießbrei, Brennnesselbowle zum Wurstsalat. Es ist der Reiz des Urwüchsigen, Unangepassten und Überkommenen, was Getränken wie Most, Trollinger und Kristallweizen anhaftet – die Erinnerung an unsere Heimat, aber nicht kitschig, sondern schonungslos ungeschminkt, ohne Rücksicht auf die Segnungen des Fortschritts.

Der Haiku zum Trank

Zu jeder Mahlzeitenkategorie habe ich einen Haiku getextet, einen Dreizeiler mit fünf, sieben und fünf Silben, wobei ich es mir mit der Verslehre leicht gemacht und beim Zählen einfache Selbst- und Zwielaute (da weist das Schwäbische einen großen Reichtum auf) über einen Kamm geschoren habe. In solchen Erwägungen erkennt man möglicherweise in mir den Langzeitstudenten, der in Berlin einen bunten Magisterstrauß aus Religionswissenschaft, Linguistik und Rumänistik zusammenpflückte, sich dabei jedoch nie seinen Ortsdialekt aus Laiz im Oberen Donautal austreiben ließ. Wenn die Schreibweise hier bei manchem Unterländer bzw. Stuttgarter Honoratiorenschwaben deswegen für Stirnrunzeln sorgt, liegt das also in der Natur der zerklüfteten heimischen Sprachlandschaft. Mit assoziativen Verrenkungen findet sich zu jeder Essenskategorie das passende schwäbische Lied. Falls für dich QR-Codes als **ooneetigs Glomp** gelten, findet sich in deinem Bekanntenkreis sicher auch ein **Käpsele**, das dir auf die Sprünge hilft – dafür hört es Musikstücke in einer Sprache, die man (leider) nicht in der Schule lernt, sondern, **wemmer's gschickt vrdwischt hot, dohoim**.

In diesem Sinne an Guata und ein Proschtmahlzeit der Gemütlichkeit!

dr JFK

AUCH DER VEGANE FISCH MUSS SCHWIMMEN!

Grad aufgstanda

FRÜHSTÜCK

NUSSHÖRNCHEN

Nusshörnla

FÜR DEN TEIG

5 g frische Hefe (⅛ Würfel)
1 EL Zucker
100 g Weizenmehl (Type 405)
50 g vegane Margarine
Salz

FÜR DIE FÜLLUNG

80 g Zucker
50 g vegane Margarine
200 g gemahlene Haselnusskerne

AUSSERDEM

Mehl für die Arbeitsfläche
Öl zum Bestreichen
1 EL Puderzucker zum Bestreuen

Für 8 Stück
Zubereitungszeit: ca. 35 Min.
Gehzeit: 1 Std., Backzeit: 20 Min.
Abkühlzeit: 30 Min.
Nährwerte pro Stück ca. 345 kcal,
5 g E, 26 g F, 25 g KH

01 Für den Teig die Hefe in eine große Schüssel bröseln. 30 ml lauwarmes Wasser, Zucker und 1 EL Mehl mit der Hefe verrühren. Zugedeckt ca. 15 Min. an einem warmen Ort gehen lassen. Restliches Mehl, vegane Margarine und 1 Prise Salz hinzufügen, alles mit der Hand oder den Knethaken des Handrührgeräts in ca. 5 Min. zu einem glatten Teig verkneten. Den Teig zugedeckt an einem warmen Ort ca. 45 Min. gehen lassen.

02 Inzwischen für die Füllung in einem Topf 80 ml Wasser zum Kochen bringen und den Zucker darin auflösen. Den Topf vom Herd nehmen, die vegane Margarine und die Haselnüsse unterrühren.

03 Den Backofen auf 180° vorheizen. Ein Backblech mit Backpapier belegen. Den Teig auf der mit Mehl bestäubten Arbeitsfläche durchkneten, mit einem Nudelholz zu einem Kreis von ca. 30 cm Ø ausrollen und gleichmäßig mit der Nussfüllung bestreichen. Den Teig in acht Tortenstücke schneiden. Jedes Dreieck zu einem Hörnchen aufrollen.

04 Die Hörnchen leicht biegen, auf das Backblech legen, mit Öl bestreichen und im Ofen (Mitte) in ca. 20 Min. goldbraun backen. Ca. 30 Min. abkühlen lassen und mit Puderzucker bestäubt servieren.

Dr Johannes moint:

Mit ror Gugg voller Nusshörnla isch bis jetzt no jedor Streit beiglegd worda. Drei Tropfa Bittermandelaroma sorged fürs gewisse Etwas.

PFANNKUCHEN
MIT ERDBEERMARMELADE

Pfannakucha mid Gsälz

4 EL Sojamehl
80 ml Mineralwasser mit Kohlensäure
250 g Weizenmehl (Type 405)
Salz
500 ml Sojadrink (ungesüßt)
2 EL Öl
8 EL vegane Margarine (ersatzweise Öl)
8 EL Erdbeerkonfitüre
8 Erdbeeren

01 In einer großen Schüssel das Sojamehl mit dem Mineralwasser verrühren. Weizenmehl, 1 TL Salz, Sojadrink und Öl dazugeben und alles mit einem Schneebesen in ca. 1 Min. zu einem glatten Teig rühren. Den Teig zugedeckt ca. 10 Min. quellen lassen.

02 1 El vegane Margarine in einer Pfanne schmelzen lassen. Den Teig mit einem Schöpflöffel hineingeben und durch Kippen der Pfanne über den gesamten Pfannenboden verteilen. Den Pfannkuchen bei starker Hitze auf beiden Seiten in ca. 2 Min. goldgelb backen, dabei einmal mit einem Pfannenwender wenden. Den Pfannkuchen auf einem Teller beiseitestellen. Auf die gleiche Art und Weise weitere sieben Pfannkuchen backen.

03 Die Pfannkuchen jeweils mit je 1 EL Erdbeerkonfitüre bestreichen und zusammenrollen. Die Rollen in der Mitte quer durchschneiden. Die Erdbeeren waschen, putzen und halbieren. Jeweils vier Pfannkuchenhälften und vier Erdbeerstücke auf Tellern anrichten.

Dr Johannes moint:

Ned uff älle Pfannakucha Gsälz schmiera, noa langed die Reschde au no für a Flädlessubb. Beim Fedd ned spara – mir mached ja koine Crêpes.

Für 4 Personen
Zubereitungszeit: 1 Std.
Nährwerte pro Portion ca. 750 kcal, 18 g E, 43 g F, 72 g KH

RÜHREI
MIT SPECK

Rihr-Oi mid Schbeck

4 EL vegane Margarine (ersatzweise Öl)
100 g Räuchertofu
Salz
400 g Tofu
400 g Seidentofu
1 TL gemahlene Kurkuma
2 TL Kala Namak (ersatzweise Salz)
Pfeffer
1 Bund Schnittlauch

01 Die vegane Margarine in einer Pfanne schmelzen. Den Räuchertofu in erbsengroße Würfel schneiden und mit 1 TL Salz in die Pfanne geben. Bei starker Hitze unter gelegentlichem Rühren ca. 3 Min. scharf anbraten. Dann aus der Pfanne nehmen und beiseitestellen.

02 Den Tofu mit den Händen in eine Schüssel bröseln und in der Pfanne bei starker Hitze unter gelegentlichem Rühren in 5 Min. goldgelb anbraten. Die Temperatur reduzieren. Den Seidentofu dazugeben und mit einem Pfannenwender zerkleinern. Mit Kurkuma, Kala Namak und 1 Prise Pfeffer würzen. Bei schwacher Hitze weitere 5 Min. garen.

03 Inzwischen den Schnittlauch waschen, trocken schütteln und in feine Röllchen schneiden. Das Rührei auf Tellern anrichten und den Räuchertofu darübergeben. Mit dem Schnittlauch garnieren.

Dr Johannes moint:

Wenn mr so gfrihstüggd hod, dürfd am Dag eigentlich nex meh schief ganga. Tipp: Emmor gud durchlüfda, wenn mr Kala Namak verwended hod.

Für 4 Personen
Zubereitungszeit: 20 Min.
Nährwerte pro Portion ca. 350 kcal, 21 g E, 27 g F, 5 g KH

SAFT & SO

GRAD WIA EN KENIG
WENN DER DAG NO SO JONG ISCH
BISCH NEMME MIAD MIT SAFT

Für den Mäxle-Normal-Schwaben kann die Gleitzeit nicht früh genug beginnen. Ausnahmen gibt es freilich, die sich ihren Schlafrhythmus als *expatriates* am Prenzlauer Berg oder sonst wo in der Fremde gründlich versaut haben. Stehen im öffentlichen Dienst die Lerchen um halb sieben an der Stechuhr Schlange, so ochsen und eseln viele Werktätige im Familienunternehmen ums Eck schon eine Stunde früher los. **No hosch ebbes vom Dag ond muascht it en d'Naacht neischaffa!**

Selber saften

Bei einem derartigen Lebenswandel sollte man niemals **oogfrühstückt** das Haus verlassen und dabei auch nicht nur Kalorien schaufeln. Für den Schwaben vom Lande ist es ja keine allzu schwere Übung, sich die Vitaminspritze Marke Eigenbau zu setzen. Und der selbst gemachte Frühstückssaft ist mit Abstand der köstlichste. Hierbei ist eine technische Errungenschaft tatsächlich einmal ganz unschwäbisch über den grünen Klee zu loben, nämlich das Bag-in-Box-Verfahren, vom Ergebnis her übersetzt als **Beitl-Schachtl-Siaß-**

moscht. Etliche Mostereien bieten diese Verarbeitung mit selbst gelesenem Obst an. Dabei wird der frische Saft für nur wenige Sekunden auf exakt 80 °C erhitzt, was am heimischen Herd kaum zu bewerkstelligen ist. Den Unterschied schmeckt man. Und über den ökologischen Kollateralnutzen von der Mostkultur wird noch an anderer Stelle berichtet.

Geheimtipp Giersch

Wer es morgens gerne etwas sämiger hat, aber dafür Fruchtzucker meidet, kann im eigenen Gärtle auf die Pirsch gehen und inspizieren, was aus Strauch und Scholle denn so alles sprießt. Vielleicht eine **granatamäßig gromme Gurk**, die im Discounter Hausverbot hätte, dafür im Smoothie ein willkommener Gast ist. Als persönlichen Geheimtipp für den Mixer und darüber hinaus empfehle ich das als unbesiegbares Unkraut verschriene Wildgemüse Giersch. Kaninchen mümmeln es ganz unverkrampft, wahrscheinlich weil ihnen der Dünkel à la »Vitaminlieferant für arme Leute« an den Löffeln vorbeigeht. Aufgefüllt mit Haferdrink oder dem Extrakt von Buchweizen (einem sogenannten Pseudogetreide) sollte man so schwächefrei durch den Vormittag kommen. Es sei denn, der Schichtleiter kredenzte aus welchem Anlass auch immer das weiland von Konrad Adenauer geadelte Hochgewächs des ältesten deutschen Sektherstellers aus Esslingen am Neckar zur obligatorischen 9-Uhr-Pause. Dann gilt: **Sieba Kessler send au a Frühstück!**

KARGADASCH

Die Ravensburger Formation **Wurzelsepp** *wagte sich mit ihren ins Schwäbische umgemünzten Cover-Versionen bekannter Hits zwar nie auf den künstlerischen Bussen bzw. Olymp, hat aber immerhin die fossile* **Plaschtikgupf** *als* **Kargadasch** *in diesem Lied verewigt. Darin kommt ein smoothietaugliches Gemüse als mildes Schimpfwort zur Geltung. Wohl deswegen, weil es sich auf die Freie Reichsstadt im Schussental so geschickt reimt:* **Des isch it zom Lache, grad wella mir zur Sache, do losst mei Weib, die Gurk, Verhüterli in Raveschburg.**

LAUGENWECKEN

Laugawegga

FÜR DEN TEIG

20 g Trockenhefe (3 Pck.)
500 g Weizenmehl (Type 550)
1 TL brauner Zucker
2 TL Salz

AUSSERDEM

100 g Natron (Natriumhydrogen-carbonat)
20 ml Zitronensaft
Mehl zum Arbeiten und für das Backblech
grobkörniges Salz

Für 6 Stück
Zubereitungszeit: 20 Min.
Gehzeit: 1 Std.
Backzeit: 25 Min.
Abkühlzeit: 30 Min.
Nährwerte pro Stück ca. 295 kcal, 11 g E, 1 g F, 60 g KH

01 Die Trockenhefe mit ca. 50 ml Wasser verrühren. Mehl, Zucker und Salz in eine große Schüssel geben. Die Hefe-Wasser-Mischung und 300 ml Wasser unterrühren. Alles mit den Knethaken des Handrührgeräts mindestens 10 Min. zu einem glatten Teig kneten. Den Teig zugedeckt an einem warmen Ort ca. 1 Std. gehen lassen.

02 Den Teig durchkneten und zu einer gleichmäßig dicken Rolle formen. Die Rolle in sechs gleich große Stücke schneiden und die Teiglinge rund formen.

03 In einem großen Topf 2–3 l Wasser zum Kochen bringen. Natron und Zitronensaft darin auflösen. Ein Backblech mit Backpapier belegen und etwas Mehl bestreuen. Den Backofen auf 200° vorheizen.

04 Die Teiglinge nacheinander in einem Küchensieb ca. 1 Min. in die Natronlauge tauchen und auf das Backblech legen. Die Oberseite mit einem scharfen Messer kreuzförmig einschneiden und mit grobem Salz bestreuen.

05 Die Laugenwecken im Ofen (Mitte) in ca. 20 Min. goldbraun backen. Herausnehmen und auskühlen lassen.

Dr Dennis moint:

Faschd so gud wie a Bräzl ond au mid wenigor Back-Gschick machbar. Abor au hier gild: Dor Buddor ned vergessa!

SCHWÄBISCHE MUFFINS

Pfitzauf

100 g vegane Margarine
500 g Weizenmehl (Type 550)
30 g Backpulver
1 EL Zucker
1 TL Salz
100 ml Mineralwasser mit Kohlensäure
300 ml Haferdrink (ungesüßt)
3 TL Vanillezucker

AUSSERDEM

12er-Muffinform
Puderzucker zum Bestäuben (nach Belieben)

01 Die vegane Margarine in einem Topf schmelzen lassen. Die Mulden der Muffinform mit einem Drittel der Margarine einpinseln. Den Backofen auf 180° vorheizen.

02 Das Mehl mit Backpulver, Zucker und Salz in einer großen Schüssel mischen. Mineralwasser, die restliche Margarine und den Haferdrink dazugeben und alles mit einem Schneebesen mindestens 5 Min. zu einer dickflüssigen Masse verrühren. Den Vanillezucker dazugeben und ca. 1 Min. unterrühren.

03 Die Mulden der Muffinform zu etwa zwei Dritteln mit dem Teig füllen. Die Pfitzauf im Ofen (Mitte) in ca. 20 Min. goldbraun backen. Aus der Form heben, nach Belieben mit Puderzucker bestäuben und noch warm servieren. Dazu passt Marmelade oder Kompott.

Für 12 Stück
Zubereitungszeit: 20 Min.
Garzeit: 15 Min.
Nährwerte pro Stück ca. 225 kcal,
6 g E, 7 g F, 35 g KH

Dr Dennis moint:

A Essa, des mir boide gar ned kennd hen'. Jetzed ischs abor offiziell Neigschmeggd-approved.

KAISERSCHMARRN

Duranander

FÜR DEN TEIG

300 g Weizenmehl (Type 405)
10 g Backpulver
1 EL Zucker
3 TL Vanillezucker
200 ml Sojadrink (ungesüßt)
30 g Rosinen
60 g vegane Margarine

AUSSERDEM

50 g Puderzucker
200 g Apfelmus (aus dem Glas)

Für 4 Personen
Zubereitungszeit: 20 Min.
Nährwerte pro Portion ca. 520 kcal, 10 g E, 14 g F, 89 g KH

01 Ein Glas mit ca. 100 ml kaltem Wasser etwa 30 Min. in den Kühlschrank stellen.

02 Das Mehl mit Backpulver, Zucker und Vanillezucker in eine Schüssel geben. Zuerst das kalte Wasser, dann den Sojadrink mit einem Schneebesen unterrühren. Die Rosinen dazugeben und alles ca. 5 Min. glatt verrühren.

03 Die Margarine in einer Pfanne schmelzen lassen. Den Teig hineingeben und ca. 3 Min. erhitzen, bis sich Bläschen bilden und die Unterseite goldgelb wird.

04 Den Teig mit einem Pfannenwender vierteln und die Viertel in unregelmäßige Stücke zerzupfen. Die Stücke in weiteren 3 Min. rundherum goldbraun braten.

05 Den Kaiserschmarrn auf Teller verteilen, mit dem Puderzucker bestäuben und mit Apfelmus servieren.

Dr Dennis moint:

Vielleichd ned 100-prozendich schwäbisch – abor mir kenned ja au ned älle gude Gerichte erfenda ...

Frisch ond gsond

SALATE

OMAS BUNTER SALAT

Omas bundr Salad

1 Bio-Salatgurke
4 Möhren
4 Tomaten
1 Bund Radieschen
1 gelbe Paprika
1 grüne Paprika
1 rote Paprika
1 Bund Schnittlauch
6 EL Öl
6 EL Würzessig
2 TL Zucker
Salz, weißer Pfeffer

AUSSERDEM

Gemüsehobel

01 Die Gurke waschen, putzen und samt Schale mit einem Hobel in ca. 5 mm breite Stifte schneiden. Die Möhren schälen und ebenfalls mit dem Hobel in ca. 5 mm breite Stifte schneiden. Tomaten waschen und in kleine Würfel schneiden, dabei die Stielansätze entfernen. Die Radieschen putzen, waschen und in erbsengroße Würfel schneiden. Alles in eine große Schüssel geben.

02 Die Paprika waschen, halbieren, weiße Trennwände und Kerne entfernen, die Hälften in erbsengroße Würfel schneiden und in die Schüssel geben. Den Schnittlauch waschen, trocken schütteln, in Röllchen schneiden und dazugeben.

03 Für das Dressing Öl, Essig, Zucker, Salz und Pfeffer in einer kleinen Schüssel kräftig verrühren. Das Dressing mit dem Gemüse mischen.

Dr Johannes moint:

Mei Oma hod immer gsagt: Beim Pfeffor ned spara!

Für 4 Personen
Zubereitungszeit: 40 Min.
Nährwerte pro Portion ca. 365 kcal, 7 g E, 29 g F, 20 g KH

MÖHRENSALAT

Gelriabasalad

8 Möhren
½ Zitrone
4 EL Öl
2 EL Weißweinessig
50 g Sonnenblumenkerne
Salz, Pfeffer

AUSSERDEM

Gemüsehobel

01 Die Möhren putzen und schälen. Den Gemüsehobel auf eine große Schüssel stellen. Die Möhren in die Schüssel raspeln. Die Zitrone mit der Hand dazupressen. 3 EL Öl mit dem Essig dazugeben und alles mischen.

02 Das restliche Öl in einer Pfanne erhitzen. Die Sonnenblumenkerne darin unter häufigem Schwenken ca. 3 Min. goldbraun braten. Mit 1 TL Salz und 1 Prise Pfeffer würzen. Die noch warmen Sonnenblumenkerne unter den Möhrensalat mischen.

03 Den Salat mit Salz und Pfeffer abschmecken und auf Tellern anrichten. Er passt zu vielen deftigen Gerichten.

Dr Dennis moint:

Doa soll no oinor saga, dass Gelriaba zu nex zu gebraucha sen'.

Für 4 Personen
Zubereitungszeit: 30 Min.
Nährwerte pro Portion ca. 135 kcal, 2 g E, 10 g F, 8 g KH

OMAS KARTOFFELSALAT

Ebbierasalad

FÜR DEN SALAT

800 g festkochende Kartoffeln
2 Zwiebeln
2 EL Weißweinessig
4 EL Öl
100 ml Gemüsebrühe
Salz, Pfeffer
5 Halme Schnittlauch

AUSSERDEM

Gemüsehobel

01 Die Kartoffeln waschen und in einem Topf mit Wasser zugedeckt bei mittlerer Hitze in ca. 25 Min. weich garen.

02 Inzwischen die Zwiebeln schälen, fein würfeln und in eine große Schüssel geben.

03 Die Kartoffeln in kaltem Wasser abschrecken, pellen und auf dem Gemüsehobel über der Schüssel in dünne Scheiben schneiden. Essig, Öl und Brühe dazugeben. Mit Salz und 1 Prise Pfeffer würzen und alles gut verrühren.

04 Den Schnittlauch waschen, trocken schütteln und in Röllchen schneiden. Den Kartoffelsalat auf Teller verteilen. Jeweils mit 1 Prise Pfeffer und Schnittlauch garnieren.

Dr Dennis moint:

Koi Wurschd ond koin Käs em Haus? En Ebbierasalad mid Salzstängela taugd zom vollwerdiga Feschbor!

Für 4 Personen
Zubereitungszeit: 20 Min.
Garzeit: 25 Min.
Nährwerte pro Portion ca. 240 kcal, 5 g E, 10 g F, 32 g KH

LINSENSALAT

Leisasalad

250 g Alblinsen (ersatzweise Berglinsen)
1 Apfel
3 Frühlingszwiebeln
1 Knolle Fenchel
1 Bund Petersilie
50 g Walnusskerne
4 EL Öl
6 EL Apfelessig
3 EL Apfelsaft
3 EL Zitronensaft
1 TL Chiliflocken
2 TL Zucker
Salz, Pfeffer

Dr Johannes moint:

Eigentlich scho ausgstorba, hod mr die traditionsreiche Alb-Leisa 2006 en St. Petersburg wiedor entdeggd. Der Salad isch bloß echt mit de Lensa von dr Alb ra.

Für 4 Personen
Zubereitungszeit: 30 Min.
Garzeit: 25 Min.
Kühlzeit: 30 Min.
Nährwerte pro Portion ca. 425 kcal, 19 g E, 19 g F, 36 g KH

01 Die Alblinsen gründlich waschen und in einen Topf mit kaltem Wasser geben. Das Wasser aufkochen und die Linsen in ca. 25 Min. bei mittlerer Hitze bissfest garen.

02 Inzwischen den Apfel waschen, vierteln und das Kerngehäuse entfernen. Die Viertel in erbsengroße Würfel schneiden. Frühlingszwiebeln putzen, waschen und in feine Scheiben schneiden. Fenchel putzen, waschen, den Strunk entfernen und die Hälften in erbsengroße Würfel schneiden. Petersilie waschen, trocken schütteln, samt Stielen fein hacken und mit dem Gemüse in eine Schüssel geben.

03 Die Linsen in ein Sieb abgießen, kurz in kaltem Wasser abkühlen und abtropfen lassen. Die Walnüsse hacken und in einer Pfanne ohne Öl in ca. 2 Min. goldbraun braten. Abkühlen lassen und mit den Alblinsen in die Schüssel geben.

04 Öl, Essig, Apfel- und Zitronensaft, Chiliflocken und Zucker dazugeben. Alles gut mischen, mit Salz und Pfeffer würzen. Den Linsensalat ca. 30 Min. in den Kühlschrank stellen.

SALAT-DREIERLEI

Schwäbischs Salad-Dreierloi

FÜR DIE SALATE

700 g festkochende Kartoffeln
1 EL Bohnenkraut
250 g grüne Bohnen
1 Bund Frühlingszwiebeln
5 Tomaten
150 ml Gemüsebrühe
2 EL Rotweinessig
150 ml Öl
Salz, Pfeffer
4 Zwiebeln
4 EL Weißweinessig

AUSSERDEM

Gemüsehobel

Für 4 Personen
Zubereitungszeit: 20 Min.
Garzeit: 25 Min.
Kühlzeit: 30 Min.
Nährwerte pro Portion ca. 540 kcal, 8 g E, 39 g F, 38 g KH

01 Die Kartoffeln waschen und in einem Topf mit Wasser bedeckt in ca. 25 Min. weich garen. Dann kalt abschrecken.

02 Inzwischen in einem kleineren Topf Wasser mit dem Bohnenkraut zum Kochen bringen. Die Bohnen waschen, putzen und in dem Bohnenkrautwasser in ca. 12 Min. gar kochen. In ein Sieb abgießen und abtropfen lassen.

03 Die Frühlingszwiebeln putzen, waschen und in feine Scheiben schneiden. Die Tomaten waschen, Stielansätze entfernen und das Fruchtfleisch in daumengroße Stücke schneiden. Tomaten und Frühlingszwiebeln in einer Schüssel mit 50 ml Gemüsebrühe, dem Rotweinessig, 50 ml Öl sowie Salz und Pfeffer mischen. Den Tomatensalat im Kühlschrank ca. 30 Min. durchziehen lassen.

04 Die Zwiebeln schälen und fein würfeln. Die Hälfte davon in einer zweiten Schüssel mit 50 ml Gemüsebrühe mischen. Bohnen, 2 EL Weißweinessig, 50 ml Öl, Salz und Pfeffer hinzufügen und alles mischen. Den Bohnensalat im Kühlschrank ca. 30 Min. durchziehen lassen.

05 Die restlichen Zwiebeln in eine dritte Schüssel geben und mit der restlichen Gemüsebrühe (50 ml) mischen. Die Kartoffeln pellen, mit dem Gemüseschneider in feine Scheiben hobeln und zu den Zwiebeln geben. Mit dem restlichen Weißweinessig (2 EL) und übrigem Öl (50 ml) mischen, mit Salz und Pfeffer kräftig würzen. Den Kartoffelsalat ebenfalls ca. 30 Min. in den Kühlschrank stellen.

Dr Dennis moint:

Ja, laud offiziellem Schwoaba-Kodex sen' zu dem Gerichd au glei drei Schnäps uff oimoal erlaubt.

SCHNAPS

FIAR GEISCHT EM GLÄSLE
GEITS SCHLEHA EM OBERLAND
BITTER KA SCHEE SEI

Wahrscheinlich offenbaren sich die Unterschiede innerhalb der deutschen Trinkkultur (was »Unkultur« natürlich mit einschließt) zwischen Nord, Süd und Ost nirgends so scharf wie beim Schnaps. Gehört der Korn zum Pils oder der Wodka auch ohne Soljanka und Spreewaldgurke mancherorts zum guten Ton einer heiteren bis feucht-fröhlichen Runde, ist das Verhältnis des Schwaben (solange es sich um keine ausgewiesene Rauschkugel handelt) zum Hochprozentigen eher schambehaftet. Das Schnapsen ist diesseits des Linsen-mit-Spätzle-Gürtels von Restriktionen und Tabus besetzt, die nur durch abergläubische Rituale und magische Formeln umgangen werden können.

Fett und andere Anlässe

Wen es also zum Salat nach einem Feuerwasser **gluschtet**, der muss darin einen handfesten Fettskandal aufgedeckt haben. Wahlweise können ebenso der Begleitwecken, Schnittlauch und Peterle, zur Not auch das Lichtspektrum der Tischlampe oder das **Lättagschwätz** des Gastgebers so fettig ausgefallen sein, dass der Wunsch nach einem **Verreißerle** als alternativlose Notwendigkeit erscheint. Auch Kälte, **Ranzapfeifa** oder Christbaumloben sind willkommene und legitime Anlässe für ein Schnäpsle – oder zwei, denn **wia sait dr Kuckuck zum Specht: Auf oim Fuaß stoht mer schlecht!**

Edel heißt einfach

So ziemlich alles, was auf Feld, in Wald und Wiese zwischen Bauland und Bodensee gedeiht, kann einem Destillat seinen eigentümlichen Geist einhauchen. Doch typisch schwäbisch im vorzüglichen Sinne sind Obstbrände aus den ungespritzten Früchten von Streuobstwiesen, die zu den am stärksten gefährdeten Biotopen Mitteleuropas geworden sind. So **hondsgwehnlich** ein Obstler aus mehreren Apfel- und Birnensorten anmutet, so verlässlich kann man darin den Qualitätsanspruch des Erzeugers herausschmecken.

S'LÄBA ISCH KOIN SCHLOTZER

Die schon etwas verschossene Fahne des **Schwobarock** ***hält eine 2005 gegründete Band aus dem Rems-Murr-Kreis auf ihre eigene Art hoch und durchaus in Ehren:*** **Wendrsonn.** ***Verherrlicht wird der Alkoholkonsum in diesem getragenen Gesangsduo mitnichten und darüber hinaus der Sinnspruch »Nur ein Schwein trinkt allein« berücksichtigt:*** **Komm, breng mer no a Gläsle, dann duat die Einsamkeit au nemme so weh, d'Gedanka, dia werrat wieder jong, ond s'Läba, des kriegt ons scho net heh.**

KÄLTE

Mediziner und andere **Gschtudierte** ***können noch so bierernst warnen vor dem gefährlichen Aberglauben, mit Alkohol lasse sich die Kälte aus Leib und Gliedern vertreiben. Der Volksmund beharrt darauf:*** **D'wärmschte Hosa send Spirituosa, s'wärmschte Jäckle isch's Konjäckle!**

RANZAPFEIFA

Unspezifische Malaise des Verdauungstraktes, die mit einer scharfen Arznei kuriert wird. Ähnlich wie beim bekannten Heiltrunk der Klosterfrau handelt es sich auch bei schwäbischen Äquivalenten um pseudopharmakologische Produkte, die das Schnapsen mit seinem besagten zwielichtigen Ruf als Laster verschleiern sollen.

CHRISTBAUMLOBEN

In Oberschwaben verbreiteter und durchaus auch bei der Jugend (wieder) populärer Einkehrbrauch. Auch bei fremden Nachbarn wird geschellt und die Schönheit des Christbaums attestiert, worauf sich bei anständigen Leuten der Giftschrank öffnet. Es ist kein Fall bekannt, wo der geschmückte Tannenbaum zu wiascht für ein Lob gewesen wäre.

OCHSENMAULSALAT
MIT BRATKARTOFFELN

Ochsamaulsalad mid Brägela

FÜR DIE BRATKARTOFFELN

700 g festkochende Kartoffeln
2 EL Öl
Salz, Pfeffer

FÜR DEN SALAT

1 großer weißer Rettich
2 Zwiebeln
4 Gewürzgurken
2 EL Weißweinessig
1 EL Maggi-Würze
Salz
2 EL Öl
1 Stück Meerrettich (ca. 3 cm)
½ Möhre
Pfeffer

AUSSERDEM

Gemüsehobel

Für 4 Personen
Zubereitungszeit: 35 Min.
Nährwerte pro Portion ca. 230 kcal, 5 g E, 10 g F, 28 g KH

01 Für die Bratkartoffeln die Kartoffeln waschen und in einem Topf mit Wasser bedeckt in ca. 15 Min. bissfest garen. Mit kaltem Wasser abschrecken und pellen.

02 Für den Salat den Rettich schälen oder unter fließendem Wasser abbürsten. Den Rettich über einer Schüssel mit dem Gemüsehobel in dünne Scheiben schneiden. Zwiebeln schälen, fein würfeln und zum Rettich geben. Gewürzgurken längs halbieren, in Scheiben schneiden und in die Schüssel geben. Alles mit Essig und Maggi-Würze beträufeln. Salzen, Öl dazugeben und alles mischen.

03 Den Meerrettich schälen und auf einer feinen Reibe über den Salat raspeln. Die Möhre schälen und ebenfalls dazuraspeln. Den Salat mit Salz und Pfeffer abschmecken.

04 Die Kartoffeln in dünne Scheiben schneiden. Das Öl in einer Pfanne erhitzen und die Kartoffeln darin in ca. 6 Min. goldbraun braten. Wenden und auf der anderen Seite ebenfalls in ca. 6 Min. goldbraun braten. Mit Salz und Pfeffer würzen. Die Bratkartoffeln mit dem Salat auf Tellern anrichten.

Dr Dennis moint:

Ob der wirklich schwäbisch isch ... Däd er noa ned »Ochsagoschsalad« hoißa?

NUDELSALAT
MIT MAYONNAISE

Nudlsalad mid Mayo

FÜR DEN NUDELSALAT

250 g Fusilli, Salz
1 rote Paprika
150 g Kirschtomaten
1 Dose Erbsen (280 g Abtropfgewicht)
1 Dose Champignons (170 g Abtropfgewicht)
1 Dose Mais (285 g Abtropfgewicht)
200 g vegane Fleischwurst-Alternative
250 g vegane Joghurt-Alternative (Soja; ungesüßt)
3 EL Apfelessig
Pfeffer

FÜR DIE VEGANE MAYO

100 ml Sojadrink (ungesüßt; Zimmertemperatur)
1 TL Senf
1 EL Zitronensaft
200 ml Öl
Salz, Pfeffer

Für 4 Personen
Zubereitungszeit: 40 Min.
Kühlzeit: 1 Std.
Nährwerte pro Portion ca. 920 kcal, 19 g E, 61 g F, 68 g KH

01 Für den Nudelsalat die Fusilli in einem Topf in Salzwasser nach Packungsanweisung bissfest garen. In ein Sieb abgießen und mit kaltem Wasser abschrecken.

02 Inzwischen die Paprika waschen, halbieren, weiße Trennwände und Kerne entfernen, die Hälften in kleine Würfel schneiden. Die Tomaten waschen und vierteln. Erbsen, Champignons und Mais mit einem Sieb abtropfen lassen. Die Fleischwurst-Alternative in kleine Würfel schneiden. Alle Zutaten in eine Schüssel geben.

03 Für die vegane Mayo den Sojadrink mit Senf und Zitronensaft in einem hohen Rührbecher mit dem Pürierstab mischen. Das Öl nach und nach dazugeben und dabei den Pürierstab von unten nach oben ziehen, bis eine feste Mayonnaise entsteht. Mit Salz und Pfeffer würzen.

04 Die vegane Mayonnaise, Joghurt-Alternative, Essig und Nudeln mit dem Gemüse und der Fleischwurst-Alternative in der Schüssel mischen. Den Nudelsalat mit Salz und Pfeffer würzen und im Kühlschrank ca. 1 Std. durchziehen lassen.

Dr Johannes moint:

Em Ländle nenned mir die Dinge beim Nama: Deshalb hoißt des au Nudelsalad ond ned »Pasta à la Mayonnaise«. Wenn mr moal widor en Salad zom Feschd mitbrenga muaß, machd mr mit dem nix falsch.

Fiar echde Subbakaschbor

SUPPEN

MAULTASCHENSUPPE

Mauldaschasubb

FÜR DIE MAULTASCHEN

5 rote Zwiebeln
1 Bund Petersilie
5 EL Öl
250 g veganer Hackfleisch-Alternative
Salz, Pfeffer
100 g Blattspinat
2 Baguettebrötchen
2 TL Hefeflocken
frisch geriebene Muskatnuss
50 g Semmelbrösel
500 g Nudelteig (aus der Kühltheke)

FÜR DAS TOPPING

2 Zwiebeln
1 Möhre
1 EL Öl

FÜR DIE BRÜHE

2 ½ l Gemüsebrühe
2 Lorbeerblätter
1 Bund Schnittlauch

01 Für die Maultaschen die Zwiebeln schälen und klein würfeln. Die Petersilie waschen, trocken schütteln, die Blätter abzupfen und klein hacken. In einer Pfanne 2 EL Öl erhitzen, Zwiebeln und Petersilie darin unter Rühren in ca. 5 Min. scharf anbraten. In einer zweiten Pfanne ebenfalls 2 EL Öl erhitzen, die vegane Hackfleisch-Alternative hineingeben, salzen, pfeffern und unter häufigem Rühren in ca. 8 Min. goldbraun braten.

02 Inzwischen in einem Topf Wasser zum Kochen bringen. Den Spinat waschen, putzen und im Wasser 8–10 Min. köcheln lassen. Dann in ein Sieb abgießen.

03 Die Brötchen zuerst in Scheiben, dann in kleine Würfel schneiden. In einer Pfanne das restliche Öl (1 EL Öl) erhitzen und die Brotwürfel darin in ca. 5 Min. knusprig braten.

04 Spinat, vegane Hackfleisch-Alternative und Zwiebel-Petersilien-Mischung in einer großen Schüssel mischen. Mit Hefeflocken, Salz, Pfeffer und 1 Prise Muskatnuss würzen. Die Semmelbrösel und Brotwürfel untermischen.

05 Den Nudelteig ausrollen und die Füllung mittig der Länge nach darauf verteilen, sodass ein knappes Drittel des Nudelteigs damit bedeckt ist. Den Teig von unten nach oben, dann von oben nach unten über die Füllung klappen und leicht andrücken. Mit einem Kochlöffelstiel die Maultaschenfüllung in 8–10 cm Abstand eindrücken und voneinander trennen. Die Maultaschen mit einem Messer auseinanderschneiden. In einem großen Topf Wasser aufkochen und die Maultaschen darin ca. 15 Min. sieden lassen.

06 Die Maultaschen herausheben und in ca. 3 × 3 cm große Würfel schneiden. Für das Topping die Zwiebeln schälen, halbieren, in feine Scheiben schneiden. Die Möhre schälen und in dünne Scheiben schneiden. In einer Pfanne das Öl erhitzen, Zwiebeln und Möhren darin ca. 6 Min. scharf anbraten.

07 Für die Brühe die Gemüsebrühe mit den Lorbeerblättern ca. 15 Min. offen köcheln lassen. Den Schnittlauch waschen, trocken schütteln und in Röllchen schneiden. Schnittlauch und Maultaschenstücke in der Brühe aufkochen lassen. Die Maultaschensuppe in tiefe Teller verteilen, mit den gebratenen Zwiebeln und Möhren toppen.

Dr Dennis moint:

Ganz schee luschdich: Eigentlich versteggd mr en de »Herrgottsbscheiserla« Floisch vor em Herrgott. Abor was verstegged mir doa eigendlich?

Für 4 Personen
Zubereitungszeit: 1 Std 15 Min.
Nährwerte pro Portion
ca. 820 kcal, 31 g E, 24 g F, 112 g KH

GAISBURGER MARSCH

Verheierte

2 l Gemüsebrühe
3 Lorbeerblätter
3 Möhren
1 Bund glatte Petersilie
4 Zwiebeln
500 g festkochende Kartoffeln
250 g vegane Spätzle
2 EL Öl
200 g veganes Steak
5 Halme Schnittlauch

01 Die Brühe in einem Topf zum Kochen bringen und die Lorbeerblätter dazugeben. Möhren schälen, längs halbieren und in 1 cm breite Stücke schneiden. Petersilie waschen, trocken schütteln, die Blätter abzupfen und fein hacken. Zwiebeln schälen, halbieren und klein würfeln. Das Gemüse in die Brühe geben und ca. 30 Min. köcheln lassen.

02 Inzwischen die Kartoffeln schälen, in 3–4 cm große Stücke schneiden und in der Gemüsebrühe gar köcheln lassen. In einem Topf Wasser zum Kochen bringen und die veganen Spätzle darin nach Packungsanweisung kochen.

03 Das Öl in einer Pfanne erhitzen und die veganen Steaks darin in ca. 8 Min. auf beiden Seiten scharf anbraten. Herausnehmen und in mundgerechte Stücke schneiden. Den Schnittlauch waschen, trocken schütteln und in Röllchen schneiden. Die Spätzle in ein Sieb abgießen.

04 Die Suppe in Suppenteller verteilen. Spätzle und Steakstücke daraufgeben und mit Schnittlauch garnieren.

Dr Dennis moint:

Unzertrennlich mit em Schduagerdor Stadt-Doil Gaisburg verbunda. Manche saged au »Böckinger Feldgschrei« doazu.

Für 4 Personen
Zubereitungszeit: 1 Std.
Nährwerte pro Portion
ca. 340 kcal, 16 g E, 9 g F, 42 g KH

RAHMBLÄTTLE
MIT FLEISCHWURST

Rahmbläddla mid Floischwurschd

1 kg festkochende Kartoffeln
1 l Gemüsebrühe
2 Lorbeerblätter
1 Nelke
200 ml Sojacreme
5 EL Weizenmehl
Salz, Pfeffer
200 g vegane Fleischwurst-Alternative

01 Die Kartoffeln schälen, waschen und in ca. 5 mm breite Scheiben schneiden. Mit Gemüsebrühe, Lorbeerblättern und der Nelke in einen Topf geben und ca. 5 Min. köcheln.

02 Inzwischen die Sojacreme mit dem Mehl in einer Schüssel verrühren. Die Mischung in den Topf geben und die Kartoffeln in ca. 5 Min. weich garen. Lorbeerblätter und Nelke entfernen. Die Rahmblättle mit Salz und Pfeffer würzen.

03 Die vegane Fleischwurst-Alternative in ca. 5 mm breite Scheiben schneiden und die Scheiben vierteln. Die Rahmblättle auf Tellern anrichten und die Fleischwurst-Alternative darauf verteilen.

Dr Johannes moint:

Zom erschden Moal han i se bei meiror Schwiegermuddr probiert. Ond i war sofort begeischdort. Darüber, obs a Subb isch, ka mr übrigens streida.

Für 4 Personen
Zubereitungszeit: 25 Min.
Nährwerte pro Portion
ca. 365 kcal, 9 g E, 14 g F, 46 g KH

NIX

SCHIER NIX MENDERS GEITS WIA A TROCKENE BAUSTELL WEIL VO NIX NIX KONNT

A gscheite Supp hot amma Domma no nia gschadet! In keinem anderen Sinnspruch wird die Doppeldeutigkeit des Wörtchens »gscheit« im schwäbischen Dialekt so köstlich zelebriert. Wer tags zuvor den auf den anderen Sonderseiten empfohlenen Begleitgetränken im Übermaße zusprach, also **domm oder em Ooverstand oin neigleert hot**, wird um den Segen einer kräftigen Suppe wissen. Eine würzige Flädlesupp labt das verkaterte **Lompamenschle** oft wohltuender als die aus Übersee importierte Volksdroge Kaffee. Aber was darf denn neben den tiefen Tellern aus dem kühlen Humpen gehoben werden? Die Alten sagen: **Nix! A Supp isch nass gnuag!**

Dilemma und Ausweg

Früher galt ausgiebiges Trinken (im Sinne auch nicht alkoholischer Flüssigkeitszufuhr) als nierenbelastend und wurde gerade Kindern zum Essen bisweilen verboten. Diese überkommene Vorstellung hat sich am ehesten bei der Suppe gehalten, mit ebengenannter Begründung. Ist der Tellerinhalt wässrig, salz- und einlagenarm genug, vermag diese Brühe vielleicht tatsächlich als Trinkersatz den Durst zu stillen, aber nicht dem Gaumen zu schmeicheln. Gleichwohl soll das Tischgetränk ja auch wirklich nicht den Eigengeschmack einer gescheiten Suppe wegschwemmen – nach dem Motto **S'konnt älles en da gleiche Saumaga**. Ein Ausweg aus diesem Dilemma böte sich an durch den diskreten Verzehr der neutralen und preislich unschlagbaren Substanz H_20, unter Zugabe von Kohlensäure auch als lustig blubberndes **Käschperleswasser** bekannt.

Allergische Reaktion

Aber Obacht: Wasser als Getränk ist für Schwaben der älteren Generation, die sich noch auf die gesundheitsgefährdenden Messwerte aus dem Mittelalter stützen, ein Affront und sie reagieren im wahrsten Sinne des Wortes allergisch auf ein entsprechendes Angebot: **Komm mer auf d'Kirbe mit doim lahma Soich, i be doch koin Wasserbüffel!**

KÖSTLICHES SCHWABENMEER

Gänsewein aus dem Hahnen ist für Landsleute mit Heimatgefühl allgemein und insbesondere für solche mit Sehnsucht nach dem zu Recht viel gepriesenen Bodensee ein gefundenes Fressen. Denn das Schwabenmeer erfrischt mit seinem unschlagbar weichen Wässerle Millionen Bürgerkehlen, sogar bis ins schon gehörig fränkelnde Bad Mergentheim im fernen Nordosten Württembergs.

MIR KAUFED NIX

Schwoißfuaß, *die legendären Wegbereiter des* **Schwobarocks**, *blicken in dieser Nummer vom Album »Mach was!?« (1985) in gewohnt sozialkritischer und sarkastischer Manier auf die engherzige und von bigotten Floskeln begleitete Einstellung, Bittsteller an der Haustür grundsätzlich abzuweisen – ob diese tatsächlich etwas verkaufen wollen oder um Hilfe für einen Verletzten rufen:* **Soifadreck ond Butzlompa, i woiß Bescheid, do gibt's bloß ois vo mir, des hanem gsait: Mir kaufed nix, mir hand koi Zeit, mir glaubat scho an Gott ond d'Ewigkeit.**

ZWIEBELSUPPE

Zwieblsubb

3 Zwiebeln
60 g vegane Margarine
Salz
50 g Weizenmehl (Type 405)
100 ml veganer trockener Rotwein
250 ml veganer Weißwein
300 ml Gemüsebrühe
4 Lorbeerblätter
Pfeffer
2 Scheiben Bauernbrot
2 EL Öl

01 Die Zwiebeln schälen, halbieren und in dünne Scheiben schneiden. Die vegane Margarine in einem Topf erhitzen. Die Zwiebeln darin ca. 5 Min. köcheln lassen.

02 Die Zwiebeln mit 2 TL Salz würzen und das Mehl unterrühren. Unter weiterem Rühren 3 Min. köcheln lassen, dann mit Rotwein ablöschen. Wiederum 3. Min. köcheln lassen, dann den Weißwein und die Brühe dazugeben.

03 Lorbeerblätter und 1 TL Pfeffer dazugeben und die Suppe unter gelegentlichem Rühren ca. 30 Min. köcheln lassen.

04 Inzwischen die Brotscheiben längs halbieren und in Würfel schneiden. Das Öl in einer Pfanne erhitzen und die Brotwürfel darin in ca. 6 Min. knusprig braten. Salzen und die Pfanne vom Herd nehmen.

05 Die Zwiebelsuppe in tiefe Teller verteilen und die Brotwürfel daraufstreuen.

Für 4 Personen
Zubereitungszeit: 1 Std.
Nährwerte pro Portion ca. 330 kcal, 4 g E, 18 g F, 21 g KH

Dr Dennis moint:

A ganz gfährlichs Essa: Bei mir dahoim sen' zwoi offene Wei'-Flascha selda ald worda.

GEBRANNTE GRIESSSUPPE

Gebrannde Grießsubb

2 Bund Suppengrün
6 EL vegane Margarine
60 g Hartweizengrieß
frisch geriebene Muskatnuss
Salz, Pfeffer

01 Das Suppengrün waschen und die Petersilie beiseitelegen. Möhren, Lauch und Sellerie in grobe Stücke schneiden. 2 EL vegane Margarine in einem Topf erhitzen und das Gemüse darin bei starker Hitze scharf anbraten. 2 l Wasser dazugießen, kurz aufkochen und offen in ca. 30 Min. auf die Hälfte einkochen lassen.

02 Die restliche vegane Margarine in einem weiteren Topf erhitzen und den Grieß darin bei starker Hitze unter ständigem Rühren in ca. 5 Min. goldbraun rösten.

03 Das Suppengrün mit einem Sieb herausfischen. Die Brühe unter ständigem Rühren zum Hartweizengrieß geben. Die Grießsuppe bei schwacher Hitze offen ca. 15 Min. ziehen lassen.

04 Inzwischen die Blätter der Petersilie aus dem Suppengrün abzupfen und fein hacken. Die gebrannte Grießsuppe mit 1 Prise Muskatnuss, Salz und Pfeffer kräftig würzen. In tiefe Teller verteilen und mit Petersilie garnieren.

Für 4 Personen
Zubereitungszeit: 30 Min.
Garzeit: 45 Min.
Nährwerte pro Portion ca. 215 kcal,
2 g E, 18 g F, 11 g KH

Dr Johannes moint:

A gscheids Essa für älle, die en ihror Jugend ned mid Grießbrei maldrätierd worda sen'.

FLÄDLESUPPE

Flädlessubb

FÜR DIE BRÜHE

3 Zwiebeln
1 Knoblauchzehen
2 EL vegane Margarine (ersatzweise Öl)
2 Bund Suppengrün
½ TL Tomatenmark
Zucker
2 Lorbeerblätter
1 Bund Schnittlauch
Salz, Pfeffer

FÜR DIE FLÄDLE

2 EL Sojamehl
40 ml Mineralwasser mit Kohlensäure
125 g Weizenmehl (Type 405)
Salz
250 ml Sojadrink (ungesüßt)
1 EL Öl
4 EL vegane Margarine (ersatzweise Öl)

Für 4 Personen
Zubereitungszeit: 1 Std.
Garzeit: 30 Min.
Nährwerte pro Portion ca. 350 kcal, 9 g E, 23 g F, 26 g KH

01 Für die Brühe Zwiebeln und Knoblauch schälen und grob würfeln. Die vegane Margarine in einem Topf erhitzen, Zwiebeln und Knoblauch darin unter gelegentlichem Rühren bei starker Hitze ca. 5 Min. scharf anbraten.

02 Inzwischen das Suppengrün waschen, in grobe Stücke schneiden und mit dem Tomatenmark und 1 Prise Zucker in den Topf geben. Alles unter ständigem Rühren scharf anbraten. 2 l Wasser und die Lorbeerblätter dazugeben. Die Brühe offen in ca. 30 Min. auf die Hälfte einkochen lassen.

03 Inzwischen für die Flädle in einer großen Schüssel das Sojamehl mit dem Mineralwasser verrühren. Weizenmehl, ½ TL Salz, Sojadrink und Öl dazugeben und alles mit einem Schneebesen zu einem glatten Teig verrühren. Den Teig zugedeckt ca. 10 Min. quellen lassen.

04 In einer Pfanne 1 EL vegane Margarine schmelzen lassen. Mit einem Schöpflöffel ein Viertel des Teigs durch Schwenken der Pfanne auf dem Pfannenboden verteilen. Den Pfannkuchen bei starker Hitze in ca. 4 Min. goldgelb backen, dabei einmal wenden. Auf einem Teller beiseitestellen. Auf die gleiche Art und Weise drei weitere Pfannkuchen backen. Die Pfannkuchen locker aufrollen und in ca. 5 mm breite Streifen schneiden.

05 Den Schnittlauch waschen, trocken schütteln und in feine Röllchen schneiden. Das Suppengrün mit einem Sieb herausfischen. Die Brühe mit Salz und Pfeffer würzen und erneut erhitzen. Die Flädle in tiefe Teller verteilen und die Brühe daraufgeben. Mit Schnittlauch bestreuen.

Dr Johannes moint:

Em Dennis seira Familie hod mr a Flädlessubb en dor Wirtschaft emmor bestella missa, wenn sei' Oma grad ned herguggd hod. Ja, koschd viel, gibd aber au viel zrick.

Gibt Kraft zom Schaffa

HAUPTGERICHTE

ZWIEBELROSTBRATEN
MIT SPÄTZLE

Roschdbroada mid Spatza

FÜR DIE SAUCE

4 Möhren
2 Petersilienwurzeln
½ Knolle Sellerie
4 Zwiebeln
1 EL Öl
40 g Puderzucker
1 EL Tomatenmark
350 ml veganer Rotwein

FÜR DEN ROSTBRATEN

7 rote Zwiebeln
250 g Champignons
2 EL Öl
250 g Seitanpulver
1 EL geräuchertes Paprikapulver
1 EL edelsüßes Paprikapulver
1 EL Zwiebelpulver
1 TL getrockneter Thymian
1 TL getrockneter Majoran
3 EL Hefeflocken
1 EL Salz
1 EL weißer Pfeffer
2 EL Tomatenmark
3 EL mittelscharfer Senf
1 EL Barbecue-Sauce
2 EL Speisestärke

FÜR DIE SPÄTZLE

250 g vegane Spätzle
Salz

01 Für die Sauce Möhren, Petersilienwurzeln und Sellerie schälen und in erbsengroße Stücke schneiden. Die Zwiebeln schälen und fein würfeln. In einer Pfanne das Öl erhitzen, Zwiebeln und Gemüse darin ca. 15. Min. anbraten. Den Puderzucker in einem Topf kurz anschwitzen, Tomatenmark ca. 1 Min. mitschwitzen. Mit Rotwein ablöschen und in 5–10 Min. sämig einköcheln lassen.

02 Inzwischen für den Rostbraten 3 Zwiebeln schälen und fein würfeln. Die Pilze putzen und ebenfalls fein würfeln. In einer Pfanne 1 EL Öl erhitzen, Zwiebeln und Pilze darin ca. 10 Min. scharf anbraten. Die Mischung in einer Schüssel mit Seitan-, Paprika-, Zwiebelpulver, Thymian, Majoran, Hefeflocken, Salz und Pfeffer verrühren.

03 Den Backofen auf 200° vorheizen. In einer Schüssel Tomatenmark, Senf und Barbecue-Sauce mit 200 ml Wasser verrühren. Die Seitanmasse, dann die Speisestärke unterkneten und die Masse zu einem ovalen Laib formen. Den Laib zuerst in Backpapier, dann in Alufolie wickeln, auf ein Blech legen und im Ofen (Mitte) ca. 1 Std. backen.

04 Inzwischen die Zwiebel-Gemüse-Mischung in die Rotweinsauce geben und ca. 10 Min. köcheln lassen. Die Sauce durch ein Sieb in einen Topf abgießen, das Gemüse dabei mit einem Löffel gut auspressen.

05 Rostbraten in ca. 3 cm dicke Scheiben schneiden. Übrige Zwiebeln schälen, in feine Ringe schneiden. Das restliche Öl in einer Pfanne erhitzen, die Zwiebeln darin anbraten. Die Rostbratenscheiben darin beidseitig anbraten.

06 Die veganen Spätzle nach Packungsanweisung in einem Topf mit 1 Prise Salz kochen. Inzwischen die Sauce zum Rostbraten mit den Zwiebeln geben und ca. 3 Min. kochen lassen. Zusammen mit den Spätzle auf vier Tellern anrichten.

Dr Dennis moint:

Mei absoluds Lieblingsessa! Wieso? Oifach probiera, noa woiß mrs. Schmeggd au mid Brägela, Hauptsach die Soß' langd!

Für 4 Personen
Zubereitungszeit: 1 Std. 15 Min.
Garzeit: 1 Std. 15 Min.
Nährwerte pro Portion
ca. 720 kcal, 62 g E, 15 g F, 64 g KH

HACKBRATEN
MIT SALZKARTOFFELN

Hackbrada mid Salzgrombiera

FÜR DEN HACKBRATEN

150 g feine Sojaschnetzel
300 ml Gemüsebrühe
3 EL Sojamehl
2 Zwiebeln
5 EL vegane Margarine (ersatzweise Öl)
200 g Tempeh
50 g Semmelbrösel
2 TL edelsüßes Paprikapulver
2 EL Senf
1 Bund Petersilie
Salz, Pfeffer

FÜR DIE SALZKARTOFFELN

750 g festkochende Kartoffeln
Salz

FÜR DIE SAUCE

3 EL vegane Margarine
3 EL Weizenmehl
1 EL Tomatenmark
400 ml Gemüsefond
4 EL Sojasauce
1 TL brauner Zucker (ersatzweise weißer Zucker)
Salz, Pfeffer

01 Für den Hackbraten die Sojaschnetzel in einem Sieb mit kaltem Wasser waschen. Die Brühe mit den Sojaschnetzeln in einem Topf aufkochen. In einer Schüssel das Sojamehl mit 6 EL Wasser verrühren und unter die Sojaschnetzel mischen. Die Schnetzel zugedeckt ca. 15 Min. ziehen lassen.

02 Inzwischen die Zwiebeln schälen, fein würfeln und mit 1 EL veganer Margarine in eine Pfanne geben. Den Tempeh dazubröseln, unter gelegentlichem Rühren in ca. 15 Min. goldbraun braten. Die Tempeh-Mischung mit Semmelbröseln, Paprikapulver und Senf zu den Sojaschnetzeln geben. Die Petersilie waschen, trocken schütteln, samt Stielen fein hacken und ebenfalls dazugeben. Alles verrühren und mit 1 TL Salz und Pfeffer kräftig würzen.

03 Den Backofen auf 200° vorheizen. Ein Backblech mit Backpapier belegen. Die Hackbratenmasse mit den Händen gut durchkneten und zu einem ovalen Laib formen. In einer Pfanne 2 EL Margarine erhitzen und den Laib bei starker Hitze rundherum scharf anbraten. Dann auf das Backblech legen, mit 1 EL Margarine bestreichen und im Ofen (Mitte) ca. 15 Min. garen. Den Braten mit der restlichen Margarine bestreichen und in weiteren ca. 15 Min. fertig garen.

04 Inzwischen für die Salzkartoffeln die Kartoffeln schälen, waschen und vierteln. In einem Topf mit Wasser bedeckt und 3 EL Salz zugedeckt in 10–15 Min. weich garen.

05 Für die Sauce die vegane Margarine in einem Topf schmelzen. Das Mehl dazugeben und mit dem Tomatenmark ca. 3 Min. anschwitzen. Unter ständigem Rühren nach und

nach den Gemüsefond dazugeben, kurz aufkochen und bei leicht geöffnetem Deckel ca. 5 Min. köcheln lassen. Mit Sojasauce, Zucker, Salz und Pfeffer würzen.

06 Den Braten in Scheiben schneiden und mit den Salzkartoffeln und der Sauce auf Tellern anrichten.

Dr Johannes moint:

Wenn mr so will, en Sonndichs-Broada für Arme – abor Gschmack ond Kaloria-Zahl sen' genau richdich! Liebor a bissle dickere Scheiba schneida, damit se ned z'arg zerfalled.

Für 4 Personen
Zubereitungszeit: 1 Std. 15 Min.
Garzeit: 30 Min.
Nährwerte pro Portion
ca. 740 kcal, 39 g E, 40 g F, 53 g KH

JÄGERPFANNE
MIT PFIFFERLINGEN UND KNÖPFLE

Jägerpfann mid Pfifferlinge ond Knepfla

FÜR DIE JÄGERPFANNE

150 grobe Sojaschnetzel
500 ml Gemüsebrühe
Salz
6 EL vegane Margarine (ersatzweise Öl)
300 g Pfifferlinge
1 rote Zwiebel
1 Knoblauchzehe
Pfeffer
frisch geriebene Muskatnuss
200 ml Sojacreme
400 ml Gemüsefond (ersatzweise Gemüsebrühe)
1 Bund Petersilie

FÜR DIE KNÖPFLE

200 g Weizen-Spätzlemehl (ersatzweise Weizenmehl Type 405)
50 g Hartweizengrieß
250 ml Sojadrink (ungesüßt)
1 EL Öl
1 TL Kala Namak (ersatzweise Salz)
gemahlene Kurkuma
Salz

AUSSERDEM

Spätzlereibe

01 Für die Jägerpfanne die Sojaschnetzel in einem Sieb in kaltem Wasser waschen. Die Brühe aufkochen und die Sojaschnetzel darin zugedeckt ca. 15 Min. ziehen lassen.

02 Inzwischen für die Knöpfle Mehl, Grieß, Sojadrink, Öl, Kala Namak und 1 Prise Kurkuma in einer Schüssel mit einem Kochlöffel ca. 3 Min. verrühren, bis ein klebriger Teig mit kleinen Luftblasen entstanden ist. Den Teig zugedeckt an einem warmen Ort ca. 20 Min. ruhen lassen.

03 Inzwischen die Sojaschnetzel in ein Sieb abgießen und mit den Händen gut ausdrücken. Mit 1 EL Salz würzen. In einer Pfanne 3 EL vegane Margarine erhitzen und die Schnetzel darin bei starker Hitze in ca. 15 Min. goldbraun anbraten.

04 Die Pfifferlinge putzen. Die Zwiebel und den Knoblauch schälen und fein würfeln. In einer Pfanne die restliche vegane Margarine erhitzen und die Pfifferlinge darin 5 Min. braten. Zwiebel und Knoblauch 5 Min. scharf mitbraten. Pfeffer, 1 Prise Muskatnuss, Sojacreme und den Gemüsefond dazugeben. Die Petersilie waschen, trocken schütteln, samt Stielen fein hacken und hinzufügen. Die Jägerpfanne offen ca. 15 Min. leicht köcheln lassen.

05 Inzwischen in einem Topf reichlich Salzwasser zum Kochen bringen. Den Knöpfleteig nochmals mit dem Kochlöffel durchschlagen. Dann portionsweise auf die Spätzlereibe geben, mit einem Teigschaber durch die Löcher in das Salzwasser drücken. Wenn die Knöpfle an die Oberfläche schwimmen, mit dem Schaumlöffel in ein Nudelsieb geben und abtropfen lassen.

06 Die Sojaschnetzel nochmals erwärmen und mit den Knöpfle in die Jägerpfanne geben. Alles mischen, mit Salz und Pfeffer kräftig würzen und auf Teller verteilen.

Dr Johannes moint:

Au die Schwoaba genned sich amoal äbbes – mid frische Pfifferleng machd mr nex falsch.

Für 4 Personen
Zubereitungszeit: 1 Std. 15 Min.
Ruhezeit: 20 Min.
Nährwerte pro Portion
ca. 655 kcal, 31 g E, 34 g F, 55 g KH

STEAK
MIT BRATKARTOFFELN UND BOHNEN

Schdeak mid Brägela ond Bohna

FÜR DIE STEAKS

3 rote Zwiebeln
250 g Champignons
2 EL Öl
250 g Seitanpulver
1 EL geräuchertes Paprikapulver
1 EL edelsüßes Paprikapulver
1 EL Zwiebelpulver
1 TL Thymian
1 TL getrockneter Majoran
1 EL Salz
1 EL weißer Pfeffer
3 EL Hefeflocken
2 EL Tomatenmark
3 EL mittelscharfer Senf
1 EL Barbecue-Sauce
2 EL Speisestärke
1 TL Rosmarinblätter
grobkörniges Salz

FÜR DIE BRATKARTOFFELN

500 g festkochende Kartoffeln
3 rote Zwiebeln
2 EL Öl
Salz, Pfeffer

FÜR DIE BOHNEN

300 g Bohnen
3 rote Zwiebeln
2 EL Öl
Salz, Pfeffer

01 Für die Steaks Zwiebeln schälen und fein würfeln. Pilze putzen und fein würfeln. In einer Pfanne 1 EL Öl erhitzen, Zwiebeln und Pilze ca. 10 Min. scharf anbraten. In einer Schüssel Seitan-, Paprika-, Zwiebelpulver, Thymian, Majoran, Salz, Pfeffer und Hefeflocken mischen.

02 Den Backofen auf 200° vorheizen. In einer Schüssel Tomatenmark, Senf und Barbecue-Sauce mit 200 ml Wasser verrühren. Die Seitanmasse, dann die Speisestärke unterkneten und die Masse zu einem ovalen Laib formen. Den Laib zuerst in Backpapier, dann in Alufolie wickeln, auf ein Blech legen und im Ofen (Mitte) ca. 1 Std. backen.

03 Für die Bratkartoffeln und die Bohnen in zwei Töpfen Wasser zum Kochen bringen. Im ersten Topf die Kartoffeln ca. 15 Min. kochen. Die Bohnen waschen, putzen und im zweiten Topf in ca. 10 Min. bissfest garen. Die Kartoffeln abgießen, abschrecken, pellen und in dünne Scheiben schneiden. Die Bohnen abgießen und abtropfen lassen.

04 6 rote Zwiebeln schälen und fein würfeln. In zwei Pfannen jeweils 2 EL Öl erhitzen. Die Zwiebeln in die Pfannen verteilen. Die Bohnen und Kartoffeln jeweils in eine Pfanne geben, ca. 10 Min. anbraten, mit Salz und Pfeffer würzen.

05 Inzwischen das Steak in ca. 4 cm dicke Scheiben schneiden. In die Schnittflächen ein Karomuster schneiden. Das übrige Öl in einer Pfanne erhitzen. Die Steaks bei starker Hitze auf beiden Seiten in jeweils ca. 3 Min. knusprig braten. Mit Rosmarin und grobem Salz bestreuen. Die Steaks mit den Beilagen auf die Teller verteilen.

Dr Dennis moint:

Schmeggd nadirlich au frisch vom Grill.

Für 4 Personen
Zubereitungszeit: 1 Std. 30 Min.
Garzeit: 1 Std.
Nährwerte pro Portion
ca. 615 kcal, 59 g E, 21 g F, 46 g KH

SAURE NIERCHEN

Saure Nierla

500 g Champignons
50 ml Rote-Bete-Saft
Salz
2 EL Öl
5 Lorbeerblätter
10 Nelken
3 rote Zwiebeln
50 ml Haferdrink (ungesüßt)
100 ml Gemüsebrühe
2 EL Rotweinessig
5 Stängel Petersilie

AUSSERDEM

Gewürzsieb

01 Die Pilze putzen, die Stiele entfernen und die Köpfe vierteln. In einer großen Schüssel mit dem Rote-Bete-Saft übergießen. Ca. 1 EL Salz dazugeben und alles unterrühren. Inzwischen das Öl in einer Pfanne erhitzen und die Pilze darin mit den Lorbeerblättern ca. 8 Min. köcheln lassen. Die Nelken in ein Gewürzsieb geben und dazugeben.

02 Inzwischen die Zwiebeln schälen und fein würfeln. Wenn die Flüssigkeit der Pilze verdunstet ist, die Zwiebeln dazugeben und ca. 3 Min. scharf anbraten. Mit Haferdrink und Gemüsebrühe ablöschen. Weitere ca. 5 Min. dünsten, dann das Gewürzsieb entfernen und den Essig untermischen.

03 Inzwischen die Petersilie waschen, trocken schütteln und fein hacken. Die sauren Nierle aufkochen, auf Tellern anrichten und mit Petersilie garnieren.

Dr Dennis moint:

Wer amoal die Original-Variante mit schlechd gwäschene Nierla gessa hod, wird onser floischfreis Rezept lieba.

Für 4 Personen
Zubereitungszeit: 40 Min.
Nährwerte pro Portion ca. 90 kcal, 5 g E, 6 g F, 6 g KH

SAURE KUTTELN

Saure Kuddla

FÜR DIE SAUREN KUTTELN

500 g Austernpilze
2 EL Öl
4 rote Zwiebeln
2 EL Tomatenmark
1 TL Wacholderbeeren
4 Lorbeerblätter
300 ml veganer trockener Rotwein
3 EL Rotweinessig

FÜR DIE BRATKARTOFFELN

800 g festkochende Kartoffeln
2 EL Öl
Salz, Pfeffer

AUSSERDEM

Gewürzsieb

Dr Dennis moint:

Joa ned vom Nama abschregga lassa. Wer Kuddla verschmähd, isch dor Roschdbroada ned wert!

Für 4 Personen
Zubereitungszeit: 40 Min.
Nährwerte pro Portion ca. 300 kcal, 7 g E, 11 g F, 28 g KH

01 Für die sauren Kutteln die Austernpilze putzen und in 2–3 cm große Stücke schneiden. Das Öl in einer Pfanne erhitzen. Die Pilze darin bei starker Hitze ca. 3 Min. scharf anbraten. Die Zwiebeln schälen, fein würfeln, mit dem Tomatenmark zu den Pilzen geben und ca. 6 Min. mitbraten.

02 Für die Bratkartoffeln die Kartoffeln waschen und in einem Topf mit Wasser bedeckt ca. 15 Min. garen. Die Kartoffeln abgießen, mit kaltem Wasser abschrecken und pellen.

03 Wacholderbeeren andrücken, mit den Lorbeerblättern in einem Gewürzsieb zu den Pilzen geben. Mit dem Wein ablöschen und ca. 10 Min. sämig einköcheln lassen.

04 Inzwischen die Kartoffeln in dünne Scheiben schneiden. Das Öl in einer Pfanne erhitzen und die Kartoffeln darin in ca. 10 Min. goldbraun braten. Mit Salz und Pfeffer würzen.

05 Den Essig zu den Pilzen geben, aufkochen lassen. Die Kutteln in Teller verteilen, die Bratkartoffeln dazu servieren.

LINSEN
MIT SPÄTZLE UND SAITENWÜRSTCHEN

Lensa mit Spatza ond Soida-Würschdla

FÜR DIE LINSEN

2 Möhren
3 Zwiebeln
¼ Knolle Sellerie
1 Stange Lauch
3 EL Öl
Salz, Pfeffer
200 g grüne Linsen (z. B. Räuberlinsen aus dem Mainhardter Wald)
600 ml Gemüsebrühe
1 EL Tomatenmark
2 EL Rotweinessig
4 Halme Schnittlauch
1 Bund Petersilie
4 EL mittelscharfer Senf

FÜR DIE SPÄTZLE UND SAITENWÜRSTCHEN

400 g vegane Spätzle
8 vegane Saitenwürstchen

01 Für die Linsen Möhren, Zwiebeln und Sellerie schälen, klein würfeln. Den Lauch putzen, waschen und klein würfeln. Das Öl in einer Pfanne erhitzen und das Gemüse darin unter häufigem Rühren in 6–8 Min. goldbraun braten. Salzen und pfeffern.

02 Die Linsen und 100 ml Brühe dazugeben. Wenn die Flüssigkeit verdunstet ist, Tomatenmark und Essig unterrühren. Die Linsen in 30–40 Min. bissfest garen, dabei portionsweise die Brühe angießen und einköcheln lassen.

03 Inzwischen für die Spätzle und Saitenwürstchen in zwei Töpfen Wasser erhitzen. In einem Topf die veganen Spätzle ca. 15 Min. kochen. Im dem anderen Topf die veganen Saitenwürstchen ca. 10 Min. erhitzen.

04 Schnittlauch und Petersilie waschen und trocken schütteln. Schnittlauch in Röllchen schneiden, Petersilie hacken. Den Senf mit dem Schnittlauch verrühren. Linsen, Spätzle und je 2 Saitenwürstchen auf die Teller verteilen. Den Schnittlauch-Senf und die Petersilie daraufgeben.

Für 4 Personen
Zubereitungszeit: 40 Min.
Nährwerte pro Portion ca. 910 kcal, 39 g E, 35 g F, 100 g KH

Dr Dennis moint:

Klassikor, der au mid wenig Übung gelingd. Tipp: Gnuag Gmiasbria bereid halda, sonschd troggned die Lensa aus.

FLEISCHKÜCHLE
MIT KARTOFFELBREI

Floischkiachla mid Brei

FÜR DEN KARTOFFELBREI

700 g mehligkochende Kartoffeln
50 g vegane Margarine
250 ml Haferdrink (ungesüßt)
1 Msp. frisch geriebene Muskatnuss
Salz, Pfeffer

FÜR DIE FLEISCHKÜCHLE

100 g Sonnenblumen-Hack
250 ml Gemüsebrühe
3 Zwiebeln
4 EL Öl
1 Bund Petersilie
120 g Semmelbrösel
30 g Weizenmehl (Type 405)
3 EL Hefeflocken
Salz, Pfeffer

AUSSERDEM

1 Tomate (nach Belieben)
Kartoffelpresse

Für 4 Personen
Zubereitungszeit: 20 Min.
Garzeit: 25 Min.
Nährwerte pro Portion ca. 550 kcal, 28 g E, 23 g F, 57 g KH

01 Für den Kartoffelbrei die Kartoffeln in einem Topf mit Wasser bedeckt in ca. 25 Min. weich kochen.

02 Für die Fleischküchle das Sonnenblumen-Hack mit der Brühe in eine große Schüssel geben. Die Zwiebeln schälen und klein würfeln. 2 EL Öl in einer Pfanne erhitzen, die Zwiebeln darin scharf anbraten. Die Petersilie waschen, trocken schütteln, die Blätter abzupfen und klein hacken.

03 Petersilie, Zwiebeln, Semmelbrösel, Mehl, Hefeflocken, Salz und Pfeffer mit dem Sonnenblumen-Hack verkneten. Die Masse zu acht handtellergroßen Fleischküchle formen. Das restliche Öl in einer Pfanne erhitzen und die Fleischküchle darin auf beiden Seiten in insgesamt ca. 8 Min. goldbraun und knusprig braten.

04 Die Kartoffeln kalt abschrecken, pellen und durch die Kartoffelpresse in einen Topf drücken. Mit Margarine und Haferdrink zu einem glatten Brei verrühren. Mit Muskatnuss, Salz und Pfeffer würzen, ca. 8 Min. köcheln lassen. Den Kartoffelbrei mit den Fleischküchle auf Teller verteilen und nach Belieben mit Tomatenvierteln garnieren.

Dr Dennis moint:

Oifach dr Brei weglassa, en en Wegga pagga ond scho hemmor a rechds Handwerker-Frühstück – schmeggd ab halb Siebene.

MOST

STRAIOBSCHTWIES EM HERBSCHT
D'WÄFZGA SEND SCHO RABADICHT
OECHSLE SCHENKT D'SONNA

Für den Schwaben ist vergorener Saft aus Äpfeln und/oder Birnen nicht nur traditionelles Alltagsgetränk, geschweige denn billiges Rauschmittel. Er (natürlich auch der weibliche Schwabe) bringt damit seine Kompatibilität mit einem potenziellen Schätzle in Erfahrung: **Moisch maasch Mooscht? Mooscht muasch meega, maasch Mooscht, maasch mii!** Die so befragte Herzensdame (natürlich auch die männliche) muss also Most mögen, aber tut sie dies, liebt sie auch ganz automatisch den Werber – so sie ihn denn versteht und nicht für einen Klingonen oder anderen Zeitgenossen von außerirdischer Provenienz hält.

Was tun bei »räß«?

So einfach wie die schwäbische Liebeslogik ist die Herstellung von Most. Im Grunde kann man die Natur machen lassen, solange man sich im richtigen Moment gebückt hat. Denn über die Qualität des Obstweines entscheidet maßgeblich das Lesegut. Reif muss es natürlich sein, idealerweise sogar überreif, denn das bringt Oechsle auf die Waage und damit Umdrehungen in den Most. Wer wie ich keine Aufzuckerung vornimmt, bekommt ein etwa 5- bis 6-prozentiges Getränk, das man also nicht aus dem Fingerhut, sondern im zünftigen Krug portioniert zum Zwiebelrostbraten genießen kann. Für eine leichtere oder mehr erfrischende Variante ist die Schorlerei mit saurem oder süßem Sprudel kein Sakrileg. Damit lässt sich auch der Most süffig halten, sollte er **räß** geraten sein, also einem das Gefühl geben, eine Katze verschluckt zu haben. Das ist jedoch durch die umsichtige Komposition des Grundstoffes vermeidbar.

Kandidaten für die Arche

Es ist gerade beim selbst gemachten Most der große Vorteil, sein eigenes, ja einmaliges Cuvée diverser Sorten zusammensammeln zu können. Ich selbst bevorzuge einen Birnenverschnitt, wobei die meisten Mostschwaben Äpfeln den Löwenanteil zugestehen und Birnen lediglich zumischen. In jedem Falle werden Sorten gewählt, die man in fester Form als Tafelobst verschmähen würde: gerbstoffreiche Früchte wie der altehrwürdige Bohnapfel, die ergiebige Schweizer Wasserbirne, der Gelbmöstler, die Palmischbirne oder die verheißungsvoll klingende Champagner Bratbirne, aus deren Beständen am Albtrauf tatsächlich auch fein moussierender Schaumwein in Flaschengärung hergestellt wird. Bewahrer alter Streuobstsorten, wie sie in Württemberg und Hohenzollern verbreitet sind oder waren, nennen den letztgenannten Saftspender treffend »Arche-Passagier«.

Gütesiegel der Engel

Wird also um die Wintersonnenwende das erste Fass des neuen Mostes angestochen, offenbart sich, ob Schwester Sonne, Mutter Natur und Tochter oder Sohn des Musterlandes **älles richtig gmacht hend**. Falls ja, kann dem Gelabten das himmlischste Lob entfahren, zu dem der Schwabe fähig ist, dann schmeckt der Most so, **wia wenn dir a Engele da Hals na soicht!**

MAGSCH MOSCHD, MAGSCH MI

Wie jetzt: **Maasch Mooscht** *oder* **Magsch Moschd?** ***Eine einheitliche schwäbische Rechtschreibung gibt es aus dem Grund nicht, da Schwaben uneinheitlich Schwäbisch schwätzen. Hier könnte man höchstens mit Vielfaltssternchen allen Varietäten Gerechtigkeit widerfahren lassen:*** **M*sch M*sch*, M*sch mi!**
2011 feierte die Combo **Drommeldar Trio** ***aus Donzdorf ihren Bühnenabschied, im Netz ist ihre Mosthymne mit weiteren Abfragen an die Liebste noch erhalten:*** **Däätsch du mir d'Zeihanägel schneida? Ond mit mir durch da wilde Süda reida?**

PANIERTES SCHNITZEL
MIT KROKETTEN

Panierds Schnitzel mid Krokedda

FÜR DIE SCHNITZEL

250 g Seitanpulver
5 EL Hefeflocken
2 l Gemüsebrühe
20 g Weizenmehl (Type 405)
4 EL Mineralwasser mit Kohlensäure
150 g Semmelbrösel
Salz, Pfeffer
1 EL edelsüßes Paprikapulver
1 Zitrone
50 ml Öl

FÜR DIE KROKETTEN

700 g mehligkochende Kartoffeln
1 EL Salz
1 TL Pfeffer
frisch geriebene Muskatnuss
1 EL edelsüßes Paprikapulver
3 EL Speisestärke
20 g Weizenmehl (Type 405)
4 EL Mineralwasser mit Kohlensäure
150 g Semmelbrösel
150 ml Öl zum Frittieren

AUSSERDEM

Fleischklopfer
Kartoffelpresse

01 Für die Schnitzel das Seitanpulver in einer großen Schüssel mit 200 ml Wasser und 3 EL Hefeflocken verrühren. Die Seitanmasse in vier Stücke teilen und mit dem Fleischklopfer gleichmäßig ca. 1 cm dünn klopfen. Die Brühe in einem Topf zum Kochen bringen. Die Schnitzel darin zugedeckt ca. 25 Min. garen. Herausheben und mit dem Fleischklopfer möglichst viel Wasser aus den Schnitzeln drücken.

02 Inzwischen für die Kroketten in einem zweiten Topf Wasser zum Kochen bringen. Die Kartoffeln schälen und darin in ca. 25 Min. weich kochen.

03 Zum Panieren der Schnitzel 20 g Mehl mit dem Mineralwasser in einem tiefen Teller verquirlen. Die Semmelbrösel in einem weiteren Teller verteilen. Die Schnitzel mit den restlichen Hefeflocken (2 EL), Salz, Pfeffer und Paprikapulver würzen. Zuerst in der Mehl-Mineralwasser-Mischung, dann in den Semmelbröseln wenden.

04 Die Kartoffeln abgießen und durch die Kartoffelpresse in eine große Schüssel drücken. Salz, Pfeffer, 1 Prise Muskatnuss und Paprikapulver dazugeben. Alles gut mischen und die Speisestärke unterkneten.

05 Zum Panieren der Kroketten das Mehl mit dem Mineralwasser in einem tiefen Teller verquirlen. Die Semmelbrösel in einem weiteren Teller verteilen. Die Kartoffelmasse zu 4–5 cm langen Röllchen mit 2–3 cm Ø formen. Diese zuerst in der Mehl-Mineralwasser-Mischung, dann in den Semmelbröseln wenden.

06 Den Backofen auf 180° vorheizen. Ein Backblech mit Backpapier belegen. Die Zitrone vierteln.

07 Das Öl zum Frittieren in einem Topf erhitzen und die Kroketten darin portionsweise in ca. 4 Min. kross und goldbraun ausbacken, dabei nach der Hälfte der Zeit wenden. Die Kroketten auf das Blech legen und im Ofen ca. 5 Min. backen.

08 Das Öl zum Braten in einer Pfanne erhitzen und die Schnitzel darin bei starker Hitze auf beiden Seiten in insgesamt ca. 8 Min. goldbraun ausbacken.

09 Die Schnitzel mit Kroketten und einem Zitronenviertel auf den Tellern anrichten.

Dr Dennis moint:

Vorsichd, des kennd steiba – wer sich ned en Gefahr begäba mechd, drengd bessor scho doavor en Schnaps.

Für 4 Personen
Zubereitungszeit: 1 Std. 15 Min.
Nährwerte pro Portion ca. 1075 kcal, 69 g E, 39 g F, 104 g KH

HOLZFÄLLERSCHNITZEL
MIT WILDEN KARTOFFELN

Holzfällorschnitzel mid wilde Kartoffla

FÜR DIE WILDEN KARTOFFELN

700 g festkochende Kartoffeln
Salz
50 g Backpulver
Pfeffer
1 EL edelsüßes Paprikapulver

FÜR DIE SCHNITZEL

250 g Seitanpulver
5 EL Hefeflocken
2 l Gemüsebrühe
20 g Weizenmehl (Type 405)
4 EL Mineralwasser mit Kohlensäure
150 g Semmelbrösel
Salz, Pfeffer
1 EL edelsüßes Paprikapulver
3 EL Öl

FÜR DIE DUNKELBIERSAUCE

5 Zwiebeln
2 EL Öl
3 TL Zucker
1 TL Salz
200 ml dunkles Bier

AUSSERDEM

Gemüsebürste
Fleischklopfer

01 Für die wilden Kartoffeln die Kartoffeln mit einer Bürste unter fließendem Wasser waschen. Der Länge nach vierteln und jedes Stück noch einmal quer halbieren. In einem Topf Wasser mit Salz und Backpulver zum Kochen bringen. Die Kartoffeln zugedeckt ca. 10 Min vorgaren.

02 Für die Schnitzel das Seitanpulver in einer Schüssel mit 200 ml Wasser und 3 EL Hefeflocken verrühren. Die Seitanmasse in vier Stücke teilen und mit dem Fleischklopfer ca. 1 cm dünn klopfen. Die Brühe in einem Topf aufkochen lassen. Die Schnitzel darin zugedeckt ca. 25 Min. garen.

03 Den Backofen auf 225° vorheizen. Ein Backblech mit Backpapier belegen. Die Kartoffeln abgießen, abtropfen lassen und auf dem Blech verteilen. Mit Salz und Pfeffer würzen und im Ofen (Mitte) mindestens 25 Min. backen.

04 Für die Dunkelbiersauce die Zwiebeln schälen und in dünne Scheiben schneiden. Das Öl in einer Pfanne erhitzen und die Zwiebeln darin bei starker Hitze unter gelegentlichem Rühren in ca. 5 Min. braun braten. Mit Zucker und Salz bestreuen und weitere 5 Min. braten. Mit dem Bier ablöschen und die Sauce 5–10 Min. sämig einköcheln lassen.

05 Aus den Seitan-Schnitzeln mit dem Fleischklopfer möglichst viel Wasser herausdrücken. Das Mehl mit dem Mineralwasser in einem tiefen Teller verquirlen. Die Semmelbrösel in einem weiteren Teller verteilen. Die Schnitzel mit den restlichen Hefeflocken (2 EL), Salz, Pfeffer und Paprikapulver würzen. Zuerst in der Mehl-Mineralwasser-Mischung, dann in den Semmelbröseln wenden.

06 In einer Pfanne das Öl erhitzen und die Schnitzel darin bei starker Hitze auf beiden Seiten in insgesamt ca. 8 Min. goldbraun ausbacken.

07 Die Kartoffeln mit Paprikapulver bestreuen und mit den Schnitzeln und der Dunkelbiersauce auf Tellern anrichten.

Dr Dennis moint:

Wer woiß, wo mir des Original-Rezept her hen', kriegd en Neigschmeggd-Pulli gschenkt.

Für 4 Personen
Zubereitungszeit: 1 Std. 15 Min.
Nährwerte pro Portion
ca. 775 kcal, 63 g E, 18 g F, 79 g KH

SELLERIESCHNITZEL
MIT BRATKARTOFFELN

Sellorieschnitzel mid Brägela

FÜR DIE SELLERIESCHNITZEL

1 Knolle Sellerie
Salz
20 g Weizenmehl (Type 405)
4 EL Mineralwasser mit Kohlensäure
150 g Semmelbrösel
Pfeffer
2 EL edelsüßes Paprikapulver
2 EL Öl
1 Zitrone

FÜR DIE BRATKARTOFFELN

600 g festkochende Kartoffeln
2 EL Öl
Salz

AUSSERDEM

Sparschäler
Küchensieb

Für 4 Personen
Zubereitungszeit: 1 Std.
Ruhezeit: 15 Min.
Nährwerte pro Portion ca. 345 kcal,
8 g E, 12 g F, 51 g KH

01 Für die Sellerieschnitzel den Sellerie halbieren, schälen und in ca. 2 cm dicke Scheiben schneiden. In einem großen Topf Wasser mit ca. 30 g Salz zum Kochen bringen. Die Selleriescheiben darin in ca. 10 Min. bissfest kochen.

02 Inzwischen für die Bratkartoffeln in einem Topf Wasser zum Kochen bringen. Die Kartoffeln darin in ca. 15 Min. bissfest kochen.

03 Zum Panieren der Schnitzel 20 g Mehl mit dem Mineralwasser in einem tiefen Teller verquirlen. Die Semmelbrösel in einem weiteren Teller verteilen. Die Sellerieschnitzel in ein Sieb abgießen und mit einem Küchentuch trocken tupfen. In einer großen Schüssel kräftig mit Pfeffer und Paprikapulver würzen. Die Schnitzel nacheinander zuerst in der Mehl-Mineralwasser-Mischung, dann in den Semmelbröseln wenden.

04 Die Kartoffeln abgießen, kalt abschrecken, pellen und in dünne Scheiben schneiden. In einer Pfanne das Öl erhitzen und die Kartoffeln darin bei starker Hitze in ca. 10 Min. knusprig braten, dabei gelegentlich wenden.

05 In einer zweiten Pfanne das Öl für die Schnitzel erhitzen und die panierten Sellerieschnitzel darin portionsweise auf beiden Seiten in insgesamt ca. 8 Min. goldbraun braten.

06 Die Zitrone vierteln. Die Schnitzel mit Bratkartoffeln und Zitronenvierteln auf Tellern anrichten.

Dr Dennis moint:

Warum ned zsamma mit onsre panierte Schnitzel macha? Noa ischs bei jedem Schnitzel a Überraschung, was enna dren isch!

SEMMELKNÖDEL
MIT PILZRAHMSAUCE

Kneedl mid Pilzsoß

FÜR DIE PILZRAHMSAUCE

500 g braune Champignons
2 EL Öl
150 ml vegane Sahne-Alternative
100 ml Haferdrink (ungesüßt)
100 ml Gemüsebrühe

FÜR DIE SEMMELKNÖDEL

250 g Weißbrot (z. B. Baguette)
1 Bund Petersilie
3 rote Zwiebeln
3 Zwiebeln
2 EL Öl
Salz, Pfeffer
100 ml Haferdrink (ungesüßt)
100 ml Sojadrink (ungesüßt)
frisch geriebene Muskatnuss
100 g Semmelbrösel

Für 4 Personen
Zubereitungszeit: 1 Std. 15 Min.
Nährwerte pro Portion ca. 540 kcal, 17 g E, 21 g F, 72 g KH

01 Für die Pilzrahmsauce die Pilze putzen und in dünne Scheiben schneiden. Das Öl in einer Pfanne erhitzen und die Pilze darin ca. 8 Min. scharf anbraten. Die vegane Sahne-Alternative, Haferdrink und Gemüsebrühe dazugeben und alles ca. 10 Min. köcheln lassen.

02 Inzwischen für die Semmelknödel das Brot in 1 cm dicke Scheiben schneiden und klein würfeln. Die Petersilie waschen, trocken schütteln, die Blätter abzupfen und hacken. Die beiden Zwiebelsorten schälen und würfeln. Das Öl in einer Pfanne erhitzen. Zwiebeln und Petersilie darin in ca. 8 Min. goldbraun braten. Salzen und pfeffern.

03 In einem großen Topf Wasser zum Kochen bringen. Die Brotwürfel in einer großen Schüssel mit Hafer- und Sojadrink übergießen. Die Zwiebel-Petersilien-Mischung dazugeben und mit Salz und Pfeffer würzen. 1 Prise Muskatnuss und die Semmelbrösel mit den Händen untermischen. Aus dem Semmelteig tennisballgroße Knödel formen.

04 Die Semmelknödel in das kochende Wasser geben und ca. 10 Min. sieden lassen, bis sie an die Oberfläche steigen. Mit einem Schaumlöffel herausheben und jeweils zwei Knödel mit Pilzrahmsauce auf den Tellern anrichten.

Dr Dennis moint:

Wer en guada Hongor hod, für den isch des hechschdens a Vorspeis' – abor koi Sorg', doa basst au a Schnitzel doazu.

KARTOFFELKNÖDEL
MIT BLAUKRAUT UND SAUERBRATENSAUCE

Kartofflkneedl mid Blaukraut ond Sauerbradasoß

FÜR DIE KARTOFFELKNÖDEL

1 kg mehligkochende Kartoffeln
2 EL vegane Margarine (ersatzweise Öl)
50 g Knödelbrot
Salz
2 EL Sojamehl
300 g Weizenmehl (Type 405)
frisch geriebene Muskatnuss

FÜR DAS BLAUKRAUT

1 kleiner Kopf Rotkohl (ca. 1 kg)
2 EL Zucker
2 Zwiebeln
50 g vegane Margarine (ersatzweise Öl)
2 säuerliche Äpfel (z. B. Boskop)
200 ml Apfelsaft
100 ml veganer Rotwein
2 Nelken
2 Lorbeerblätter
Salz, Pfeffer

FÜR DIE SAUERBRATENSAUCE

2 Zwiebeln
2 Knoblauchzehen
1 Bund Suppengrün
2 EL vegane Margarine (ersatzweise Öl)
1 EL Senfsamen
1 EL Wacholderbeeren >

01 Für die Kartoffelknödel die Kartoffeln waschen und in einem Topf mit Wasser bedeckt in ca. 25 Min. weich garen. Dann kalt abschrecken, pellen und mit der Spätzlepresse oder einer Gabel zerdrücken. Abkühlen lassen.

02 Inzwischen für das Blaukraut den Rotkohl putzen, vierteln und den Strunk entfernen. Die Rotkohlviertel in feine Streifen schneiden oder hobeln, mit 2 EL Zucker durchkneten und ca. 30 Min. ziehen lassen.

03 Die Zwiebeln schälen und fein würfeln. In einem Topf die Margarine erhitzen und die Zwiebeln darin in ca. 15 Min. glasig dünsten. Die Äpfel waschen, vierteln, Kerngehäuse entfernen und mit Schale in erbsengroße Würfel schneiden. Rotkohl und Äpfel mit den Zwiebeln bei starker Hitze ca. 5 Min. mitdünsten. Apfelsaft, Rotwein, 200 ml Wasser, Nelken und Lorbeerblätter dazugeben und alles zugedeckt ca. 45 Min. köcheln. Falls nötig, etwas Wasser dazugeben.

04 Inzwischen für die Sauerbratensauce Zwiebeln und Knoblauch schälen und grob würfeln. Das Suppengrün waschen und in grobe Stücke schneiden. Die Margarine in einem Topf schmelzen. Zwiebeln, Knoblauch, Suppengrün, Senfsamen, Wacholderbeeren und Pfefferkörner darin ca. 5 Min. scharf anbraten. Wein, Essig, 600 ml Wasser und die Lorbeerblätter dazugeben. Kurz aufkochen und offen in ca. 30 Min. auf die Hälfte einkochen lassen.

05 In einem Topf die Margarine erhitzen und das Knödelbrot darin goldbraun anbraten und abkühlen lassen. In einem Topf reichlich Salzwasser zum Kochen bringen.

06 Das Sojamehl mit 4 EL Wasser verrühren. Mit dem Weizenmehl, 1 TL Salz und 1 Prise Muskatnuss zu den Kartoffeln geben und von Hand zu einem Teig verkneten. Die Hände mit etwas Mehl bestäuben und aus dem Teig zwölf Knödel formen, dabei jeweils etwas angeröstetes Brot in die Mitte geben. Die Knödel im Salzwasser ca. 15 Min. ziehen lassen, bis sie an die Oberfläche schwimmen.

07 Die Sauerbratensauce durch ein Sieb in einen anderen Topf gießen. Die Speisestärke mit 4 EL Wasser verrühren, mit Zucker und Hafercreme zur Sauce geben und ca. 2 Min. kochen lassen. Mit Salz und Pfeffer kräftig würzen.

08 Das Blaukraut mit Salz und 1 Prise Pfeffer würzen, Lorbeerblätter und Nelken entfernen. Blaukraut mit Knödeln und Sauerbratensauce auf Tellern anrichten.

Dr Johannes moint:

Wer seine Kneedl sonschd emmor versemmeld, isch mit dem Rezept gut bedient. En Kombination mid broadene Seitlinge gibts des bei ons immer zu Weihnachda – zumindeschd für mi.

>

1 TL schwarze Pfefferkörner
200 ml veganer Rotwein
200 ml Rotweinessig
2 Lorbeerblätter
2 EL Speisestärke
1 EL Zucker
100 ml Hafercreme
Salz, Pfeffer

Für 4 Personen
Zubereitungszeit: 1 Std. 45 Min.
Garzeit: 1 Std. 15 Min.
Nährwerte pro Portion ca. 950 kcal, 22 g E, 28 g F, 133 g KH

MAULTASCHEN
MIT ZWIEBELSCHMELZE

Herrgottsbscheiserla

FÜR DIE MAULTASCHEN

5 rote Zwiebeln
1 Bund Petersilie
5 EL Öl
250 g vegane Hackfleisch-Alternative
Salz, Pfeffer
100 g frischer Blattspinat
2 Baguettebrötchen
2 TL Hefeflocken
frisch geriebene Muskatnuss
50 g Semmelbrösel
500 g Nudelteig (aus der Kühltheke)

FÜR DIE ZWIEBELSCHMELZE

2 Zwiebeln
1 EL Öl
1 TL Zucker
Salz
100 ml vegane Bratensauce (aus dem Glas; nach Belieben)

01 Für die Maultaschen die Zwiebeln schälen und klein würfeln. Die Petersilie waschen, trocken schütteln, die Blätter abzupfen und klein hacken. In einer Pfanne 2 EL Öl erhitzen, Zwiebeln und Petersilie darin unter Rühren in ca. 5 Min. scharf anbraten. In einer zweiten Pfanne ebenfalls 2 EL Öl erhitzen, die vegane Hackfleisch-Alternative hineingeben, salzen, pfeffern und unter häufigem Rühren in ca. 8 Min. goldbraun braten.

02 Inzwischen in einem Topf Wasser zum Kochen bringen. Den Spinat waschen, putzen und im Wasser 8–10 Min. köcheln lassen. Dann in ein Sieb abgießen.

03 Die Brötchen zuerst in Scheiben, dann in kleine Würfel schneiden. Das restliche Öl (1 EL) in einer Pfanne erhitzen und die Brotwürfel darin in ca. 5 Min. knusprig braten.

04 Spinat, vegane Hackfleisch-Alternative und Zwiebel-Petersilien-Mischung in einer großen Schüssel mischen. Mit Hefeflocken, Salz, Pfeffer und 1 Prise Muskatnuss würzen. Die Semmelbrösel und Brotwürfel untermischen.

05 Den Nudelteig ausrollen und die Füllung mittig der Länge nach darauf verteilen, sodass ein knappes Drittel des Nudelteigs damit bedeckt ist. Den Teig von unten nach oben, dann von oben nach unten über die Füllung klappen und leicht andrücken. Mit einem Kochlöffelstiel die Maultaschenfüllung in 8–10 cm Abstand eindrücken und voneinander trennen. Die Maultaschen mit einem Messer auseinanderschneiden.

06 Für die Zwiebelschmelze die Zwiebeln schälen, halbieren und in feine Scheiben schneiden. In einer Pfanne das Öl erhitzen und die Zwiebeln darin ca. 6 Min. scharf anbraten. Mit Zucker und 1 Prise Salz würzen. Nach Belieben etwas vegane Bratensauce unter die Zwiebelschmelze mischen.

07 In einem großen Topf Wasser aufkochen und die Maultaschen darin ca. 15 Min. sieden lassen. Mit einem Schaumlöffel herausheben und in der Zwiebelschmelze schwenken.

Dr Dennis moint:

Mauldascha, Zwiebla ond en Ebbierasalad: Hädd mei Gschäft a Kantine, noa däd i des die ganze Woch' essa.

Für 4 Personen
Zubereitungszeit: 1 Std. 15 Min.
Nährwerte pro Portion ca. 790 kcal, 37 g E, 21 g F, 114 g KH

KÄSESPÄTZLE
MIT RÖSTZWIEBELN

Kässpätzla mit Röstzwiebla

FÜR DIE KÄSESPÄTZLE

400 g Weizen-Spätzlemehl (ersatzweise Weizenmehl Type 405)
100 g Hartweizengrieß
500 ml Sojadrink (ungesüßt)
2 EL Öl
2 TL Kala Namak (ersatzweise Salz)
gemahlene Kurkuma
Salz
400 g vegane Reibekäse-Alternative
Pfeffer
400 ml Sojacreme

FÜR DIE RÖSTZWIEBELN

4 Zwiebeln
2 TL Zucker
Salz
8 EL Mehl
100 ml Öl (ersatzweise vegane Margarine)

AUSSERDEM

Spätzlepresse
Auflaufform (ca. 30 × 20 cm)

01 Spätzlemehl, Hartweizengrieß, Sojadrink, Öl, Kala Namak und 1 Prise Kurkuma in einer Schüssel mit einem Kochlöffel oder den Knethaken des Handrührgeräts in ca. 3 Min. zu einem klebrigen, mit Luftbläschen durchsetzten Teig kneten. Den Teig zugedeckt an einem warmen Ort ca. 20 Min. ruhen lassen.

02 Inzwischen für die Röstzwiebeln die Zwiebeln schälen, halbieren und in feine Scheiben schneiden. Zwiebeln mit Zucker und 1 Prise Salz mischen, ca. 30 Min. ziehen lassen.

03 In einem großen Topf Salzwasser zum Kochen bringen. Den Teig mit dem Kochlöffel durchschlagen und portionsweise in die Spätzlepresse geben (sie soll etwa zu zwei Dritteln gefüllt sein). Den Teig durch die Presse in das Salzwasser drücken. Die Spätzle vorsichtig durchrühren, damit sie nicht verklumpen. Sobald sie an die Oberfläche schwimmen, mit einem Schaumlöffel in ein Nudelsieb geben. Mit kaltem Wasser abschrecken und abtropfen lassen.

04 Den Backofen auf 220° vorheizen. Je die Hälfte der Spätzle und der Reibekäse-Alternative in die Auflaufform schichten, mit 1 TL Salz und Pfeffer würzen. Die Schichten wiederholen und obenauf die Sojacreme verteilen. Die Käsespätzle im Ofen (Mitte) ca. 25 Min. backen.

05 Inzwischen die marinierten Zwiebelringe mit dem Mehl bestäuben. Das Öl in einer Pfanne erhitzen und die Zwiebeln darin bei starker Hitze unter gelegentlichem Rühren in 10–15 Min. goldbraun anschwitzen. Die Käsespätzle auf Teller verteilen und mit den Röstzwiebeln toppen.

Dr Johannes moint:

Je weidor mr Richtung Allgei kommd, desto bessor schmegged die Kässpätzla. Klappt em Backofa genauso gud wie en dor Pfanne.

Für 4 Personen
Zubereitungszeit: 35 Min.
Ruhezeit: 20 Min., Garzeit: 25 Min.
Nährwerte pro Portion ca. 1145 kcal,
24 g E, 55 g F, 139 g KH

BIER

AN REATA HALSDUUSCHT A HONDSGWEHNLICHE HALBE OND AN SCHWOB SENGT GLEI

Und wie steht es zum Hauptgericht mit dem Getränk, das die deutschen Stämme über alle Animositäten hinweg eint? Selbst in den entlegensten Albtälern wird natürlich auch oder nur noch Bier statt Most zum Mittagessen konsumiert, wenn es denn etwas Herzhaftes sein darf. Nur ganz traditionsbewusste Landeskinder oder arme Bauern behalten sich das flüssige Brot fürs Wirtshaus oder die **Kirbe** vor, während am heimischen Tisch oder auf dem Kanapee das Nass vom Baum verköstigt wird.

Das Bier für um drei

Unser benachbarter Freistaat hinter Ulm unterhält bekanntermaßen die höchste Anzahl an Brauereien, dann kommt lange nichts mehr, aber bereits an zweiter Stelle Baden-Württemberg. Möglicherweise verhält es sich mit der Braukunst ähnlich, aber etliche Vertreter unserer vielfältigen Braustättenlandschaft müssen sich mit ihren altehrwürdigen oder innovativen Hopfentees vor niemandem verstecken. Welches nun die schwäbischste unter den Biersorten sein mag, ist objektiv schwer festzumachen, aber dem rustikalen Export haftet etwas eigentümlich Uriges und Heimatverbundenes an. Die Konkurrenz durch das hopfigere Pilsner, in jüngster Zeit vermehrt durch das teils bis zur völligen Schmerzfreiheit süffige Helle, lässt das stärker eingebraute Exportbier als unzeitgemäß erscheinen – als Garagen- und Baustellenkolben (um 15 Uhr ist Zeit fürs **Druibier**) für hemdsärmlige, gleichwohl knitze Originale alten Schlags. Nichts lässt sich so herrlich **bätscha, pfetza** oder – wenn es mal pressiert – **schleidara** wie ein Export, als schaumgekrönte Kaltschale auch mit HGH (**hondsgwehnliche Halbe**) abgekürzt.

Von den fruchtigen obergärigen Bieren, die andernorts als Kölsch, Altbier, Berliner Weiße über den Tresen schwappen, ist in unseren Gefilden eigentlich nur das Weizenbier im Umlauf, sieht man vom trendigen »India Pale Ale« mit seiner kaltgehopften Blumenwiesenpenetranz einmal ab.

JETZT GEHT'S AB

Mit diesem Album debütierten 1991 die **Fantastischen Vier**, *Hip-Hopper aus Stuttgart, die sich komplett dem deutschen Sprechgesang verschrieben haben (auf den frühen Platten mit hörbar schwäbischem Akzent), ein Novum in der damaligen Szene. Im gleichnamigen Lied bekennt sich Bandmitglied Smudo gleich zu Beginn freimütig zu seiner bizarren Getränkevorliebe:* **Ich bin S. M. U. D. O. von den Fantastischen Vier und ich trinke gern Bananensaft mit kühlem Weizenbier.**

EINSTIEGSWOIZA

Für Hüter des Reinheitsgebotes ein Graus dient das **Colawoiza** *oft als* **bäppsiaße** *Einstiegs- und Gewöhnungshilfe für den schwäbischen* **Biertrinkersoma** *(Samen im Dialekt ausgesprochen steht für den menschlichen Nachwuchs). Noch wesentlich mehr Anstoß erregen dürfte beim Puristen ein* **schlonziges Bananawoiza**, *wohl das Biergemisch mit der höchsten Opazität, respektive Blickundurchlässigkeit. Wer es transparenter und seriöser, aber trotzdem noch extravagant mag, dem sei das spritzig-bitzelnde Kristallweizen anempfohlen. Natürlich eine württembergische Erfindung, von der Brauerei Farny in Kißlegg nach eigenen Angaben 1924 zum ersten Mal aufgelegt. Wegen des fein moussierenden Charakters trug die neue Biergattung damals den Namen »Champagner Weizen«. Dieser wurde 1960 allerdings einkassiert zum Schutze der Herkunftsangabe, die einen noch exquisiteren Ruf hat als das ja durchaus schon gut beleumdete Westallgäu mit seinem Luftkurort Kißlegg.*

SCHUPFNUDELN
MIT SAUERKRAUT

Buabaspitzla mid Sauerkraut

FÜR DIE SCHUPFNUDELN

500 g mehligkochende Kartoffeln
1 EL Sojamehl
150 g Weizenmehl (Type 405)
Salz
frisch geriebene Muskatnuss
1 EL Öl (ersatzweise vegane Margarine)

FÜR DAS SAUERKRAUT

1 Zwiebel
2 EL Öl (ersatzweise vegane Margarine)
½ Dose Sauerkraut (ca. 385 g Abtropfgewicht)
100 ml Apfelsaft
100 ml Gemüsebrühe
3 Nelken
1 Lorbeerblatt
Salz, Pfeffer

AUSSERDEM

Mehl für die Arbeitsfläche
200 g Räuchertofu
1 EL Öl (ersatzweise vegane Margarine)
Salz

01 Für die Schupfnudeln die Kartoffeln waschen und in einem Topf mit Wasser bedeckt in ca. 25 Min. weich garen. Die Kartoffeln mit kaltem Wasser abschrecken, pellen und mit einer Spätzlepresse oder einer Gabel zerdrücken. Beiseitestellen und abkühlen lassen.

02 Inzwischen für das Sauerkraut die Zwiebel schälen und fein würfeln. In einem Topf das Öl erhitzen und die Zwiebel darin scharf anbraten. Das Sauerkraut in einem Sieb abtropfen lassen, dabei die Flüssigkeit auffangen. Das Sauerkraut mit den Zwiebeln mischen und ca. 5 Min. mitgaren.

03 Apfelsaft, Gemüsebrühe, die Sauerkrautflüssigkeit, Nelken und Lorbeerblatt dazugeben. Das Sauerkraut zugedeckt unter gelegentlichem Rühren ca. 45 Min. köcheln lassen. Falls nötig, noch etwas Gemüsebrühe dazugeben.

04 Inzwischen das Sojamehl mit 2 EL Wasser verrühren. Mit dem Weizenmehl, ½ TL Salz und 1 Prise Muskatnuss zu den Kartoffeln geben und alles von Hand zu einem festen Teig verkneten. In einem großen Topf Salzwasser erhitzen.

05 Etwas Mehl auf der Arbeitsfläche verteilen und den Kartoffelteig darauf in vier gleich große Stücke teilen. Jedes Stück zu einer Rolle von ca. 3 cm Ø formen. Die Rollen in ca. 1 cm dicke Scheiben schneiden und diese zwischen den flachen Händen zu Schupfnudeln rollen.

06 Die Schupfnudeln im Salzwasser ca. 5 Min. ziehen lassen. Sobald sie an die Oberfläche schwimmen, mit einem Schaumlöffel in ein Nudelsieb geben und abtropfen lassen.

07 Das Öl in einer Pfanne erhitzen und die Schupfnudeln darin rundherum in 5–10 Min. goldbraun braten.

08 Inzwischen den Räuchertofu in erbsengroße Würfel schneiden. In einer Pfanne das Öl erhitzen, den Tofu mit 1 Prise Salz hineingeben und ca. 3 Min. scharf anbraten.

09 Nelken und Lorbeerblatt entfernen. Den Räuchertofu mit den Schupfnudeln unter das Sauerkraut heben. Mit Salz und Pfeffer abschmecken und auf Teller verteilen.

Dr Johannes moint:

Godd sei Dank denkd die Induschdrie mid ond verkaufd die Buabaspitzla au scho fertig – des hoißt wenigor Gschäfd dahoim!

Für 4 Personen
Zubereitungszeit: 1 Std.
Garzeit: 1 Std. 15 Min.
Nährwerte pro Portion ca. 465 kcal, 20 g E, 16 g F, 57 g KH

KÄSE-KARTOFFELN

Käs-Ebbiera

1 kg festkochende Kartoffeln
Salz
300 g Zwiebeln
150 g vegane Margarine
1 Bund Schnittlauch
10 Stängel Petersilie
150 g vegane Reibekäse-Alternative (ersatzweise Bergkäse)
Pfeffer

AUSSERDEM

Auflaufform (22 × 14 cm)

01 Die Kartoffeln schälen, halbieren und in kirschgroße Stücke schneiden. In einem Topf mit 3 EL Salz zugedeckt bei mittlerer Hitze in ca. 15 Min. weich garen.

02 Inzwischen die Zwiebeln schälen und fein würfeln. Die vegane Margarine in einer Pfanne erhitzen und die Zwiebeln darin bei starker Hitze in ca. 5 Min. scharf anbraten.

03 Den Backofen auf 180° vorheizen. Den Schnittlauch und die Petersilie waschen und fein hacken. Die Kartoffeln in die Auflaufform geben und mit den gehackten Kräutern bestreuen. Die Margarine-Zwiebel-Mischung und die vegane Reibekäse-Alternative darauf verteilen.

04 Die Käse-Kartoffeln im Ofen (Mitte) in ca. 20 Min. goldbraun backen, dabei darauf achten, dass die Zwiebeln nicht verbrennen. Auf Teller verteilen und mit Pfeffer bestreuen.

Dr Dennis moint:

Wenn mr mi froagd, kann mr vegana Käs de Hasa geba. I han heimlich en echda Bergkäs gnomma.

Für 4 Personen
Zubereitungszeit: 40 Min.
Garzeit: 25 Min.
Nährwerte pro Portion ca. 540 kcal, 5 g E, 39 g F, 41 g KH

KRAUTKRAPFEN

Krautkrapfa

2 Zwiebeln
400 g Räuchertofu
100 g vegane Margarine
1 Dose Sauerkraut (770 g Abtropfgewicht)
2 TL Kümmelkörner
Salz, Pfeffer
250 g Nudelteig (aus der Kühltheke)
200 ml Gemüsebrühe
3 Stängel Petersilie

01 Zwiebeln schälen und fein würfeln, Räuchertofu in erbsengroße Würfel schneiden. In einer Pfanne 50 g vegane Margarine erhitzen, Zwiebeln und Tofu darin bei starker Hitze ca. 5 Min. braten. Das Sauerkraut abtropfen lassen, mit Zwiebeln und Tofu 10 Min. scharf anbraten, Kümmel, Salz und Pfeffer dazugeben. Die Masse 5 Min. abkühlen lassen.

02 Den Nudelteig ausrollen und die Sauerkrautmischung darauf verteilen. Den Teig von einer Längsseite aus fest aufrollen. Die Rolle in ca. 4 cm dicke Scheiben schneiden.

03 Die übrige vegane Margarine in einer Pfanne schmelzen, die Brühe dazugeben und die Krautscheiben mit den Schnittkanten nach unten hineinlegen. Die Krapfen bei leicht geöffnetem Deckel ca. 20 Min. garen, bis die Flüssigkeit verdunstet und eine goldbraune Kruste entstanden ist.

04 Die Petersilie waschen, trocken schütteln und die Blätter abzupfen. Die Krautkrapfen auf Tellern anrichten und mit der Petersilie bestreuen.

Dr Johannes moint:

Doa kenned die Italienor mit ihrer Lasagne eipagga.

Für 4 Personen
Zubereitungszeit: 40 Min.
Garzeit: 20 Min.
Nährwerte pro Portion ca. 590 kcal, 29 g E, 31 g F, 43 g KH

SCHWÄBISCHE LAUBFRÖSCHE

Laubfresch

200 g Sonnenblumen-Hack
200 ml Gemüsebrühe
1 Bund glatte Petersilie
5 Zwiebeln
4 EL Öl
Salz
100 g Semmelbrösel
3 EL Sojadrink (ungesüßt)
Pfeffer
2 EL Hefeflocken
100 g Blattspinat (möglichst große Blätter)
4 Tomaten
3 rote Zwiebeln
100 ml vegane Sahne-Alternative

Für 4 Personen
Zubereitungszeit: 1 Std.
Nährwerte pro Portion ca. 455 kcal, 35 g E, 13 g F, 42 g KH

01 Sonnenblumen-Hack und 100 ml Gemüsebrühe in einer großen Schüssel verrühren. Die Petersilie waschen, trocken schütteln, die Blätter abzupfen und fein hacken. Die Zwiebeln schälen und klein würfeln. In einer Pfanne 2 EL Öl erhitzen, die Zwiebeln darin ca. 6 Min. scharf anbraten und salzen. Zwiebeln, Petersilie, Semmelbrösel und Sojadrink in die Schüssel geben, mit Salz, Pfeffer und Hefeflocken würzen. Die Masse mit den Händen 2 Min. durchkneten.

02 Den Spinat waschen, trocken tupfen, dabei beschädigte und kleine Exemplare aussortieren. Die Blätter auf einem Küchenbrett auslegen und daumengroße Portionen Sonnenblumenmasse daraufgeben. Die Füllung in die Spinatblätter einwickeln.

03 Die Tomaten waschen, halbieren und klein würfeln, dabei die Stielansätze entfernen. Die roten Zwiebeln schälen und würfeln. Tomaten, Zwiebeln und das restliche Öl (2 EL) in einer Pfanne erhitzen und ca. 5 Min. köcheln lassen. Die vegane Sahne und die übrige Brühe (100 ml) dazugeben.

04 Die Laubfrösche in die Tomaten-Zwiebel-Sauce geben und zugedeckt 10–15 Min. köcheln lassen. Die Sauce auf Teller verteilen und die Laubfrösche daraufsetzen.

Dr Dennis moint:

Scho em Kochbuch von dr Kiehnles Hermine (1930) findet sich a vegetarischs Rezept von de Bietigheimer Laubfresch – hitverdächtig!

DINNETE

Dinnede

FÜR DEN TEIG

20 g frische Hefe (½ Würfel)
1 TL Zucker
500 g Weizenmehl (Type 550)
Salz

FÜR DIE VEGANE SCHMAND-ALTERNATIVE

200 g Cashewkerne (naturbelassen)
500 g vegane Joghurt-Alternative (Soja; ungesüßt)
5 EL Apfelessig
Salz, Pfeffer

FÜR DEN BELAG

1 rote Zwiebel
1 weiße Zwiebel
200 g Räuchertofu
2 TL Kümmelkörner
1 Bund Schnittlauch

AUSSERDEM

Mehl für die Arbeitsfläche
Salz, Pfeffer (nach Belieben)

Für 8 Stück
Zubereitungszeit: 50 Min.
Gehzeit: 1 Std., Backzeit: 40 Min.
Nährwerte pro Stück: ca. 460 kcal, 20 g E, 15 g F, 60 g KH

01 Für den Teig die Hefe in eine große Schüssel bröseln. Mit 50 ml lauwarmem Wasser, dem Zucker und 2 EL Mehl verrühren. Zugedeckt an einem warmen Ort ca. 15 Min. gehen lassen. Das restliche Mehl, 1 TL Salz und 300 ml lauwarmes Wasser dazugeben und mit den Knethaken des Handrührgeräts ca. 10 Min. zu einem glatten Teig verkneten. Den Teig zugedeckt ca. 45 Min. an einem warmen Ort gehen lassen.

02 Inzwischen für die vegane Schmand-Alternative in einem Topf die Cashewkerne mit Wasser bedeckt in ca. 15 Min. weich köcheln. In ein Sieb abgießen, mit Joghurt-Alternative und Essig in einem hohen Rührbecher mit dem Stabmixer ca. 2 Min. cremig pürieren. Mit Salz und Pfeffer würzen.

03 Den Teig auf der mit Mehl bestäubten Arbeitsfläche kurz durchkneten und in acht gleich große Stücke teilen. Die Teigstücke mit den Händen oval ausziehen, sodass ein etwas dickerer Rand entsteht. Auf zwei mit Backpapier belegte Backbleche verteilen und zugedeckt 15 Min. gehen lassen. Den Backofen auf 250° vorheizen.

04 Inzwischen für den Belag die Zwiebeln schälen und fein würfeln, den Tofu in erbsengroße Würfel schneiden. Die Teige samt Rand mit der Schmand-Alternative bestreichen. Kümmel, Tofu und Zwiebeln darauf verteilen.

05 Die Dinnete im Ofen (Mitte) nacheinander in ca. 20 Min. goldbraun und knusprig backen. Den Schnittlauch waschen, trocken schütteln und in feine Röllchen schneiden. Die Dinnete nach Belieben mit Salz und Pfeffer würzen und mit dem Schnittlauch bestreut servieren.

Dr Johannes moint:

Wer regelmäßig auf de' Weihnachtsmärkte em Ländle ondorwägs isch, wird sichor scho amoal uff en Dinnete-Verkaufsstand gstoßa sei'. Schmeggd als süße Variante au subbor mit Äpfel ond Zuggor.

ZWIEBELKUCHEN

Zwieblkucha

FÜR DEN TEIG

10 g frische Hefe (¼ Würfel)
120 ml Sojadrink (ungesüßt)
1 TL Zucker
200 g Weizenmehl (Type 405)
Salz
40 g vegane Margarine

FÜR DEN BELAG

600 g Zwiebeln
100 g vegane Margarine
4 EL Sojamehl
200 ml Sojacreme
Salz, Pfeffer
100 g Räuchertofu
1 TL Kümmelkörner

AUSSERDEM

Mehl für die Arbeitsfläche
vegane Margarine für die Form
Springform (ca. 26 cm Ø)

Für 4 Personen
Zubereitungszeit: 1 Std.
Backzeit: 40 Min.
Gehzeit: 1 Std.
Abkühlzeit: 15 Min.
Nährwerte pro Portion ca. 705 kcal,
23 g E, 43 g F, 56 g KH

01 Die Hefe in eine große Schüssel bröseln. 20 ml lauwarmen Sojadrink dazugeben und mit dem Zucker und 1 EL Mehl verrühren. Zugedeckt an einem warmen Ort ca. 15 Min. gehen lassen. Dann das übrige Mehl, 1 TL Salz, den restlichen lauwarmen Sojadrink sowie der Margarine dazugeben. Alles mit den Knethaken des Handrührgeräts in ca. 10 Min. zu einem glatten Teig verkneten. Den Teig zugedeckt an einem warmen Ort ca. 45 Min. gehen lassen.

02 Inzwischen die Zwiebeln schälen, fein würfeln und mit 50 g veganer Margarine in einer Pfanne unter gelegentlichem Rühren in ca. 15 Min. glasig dünsten. In einer Schüssel das Sojamehl mit 8 EL Wasser verrühren. Die lauwarmen Zwiebeln, Sojacreme, 2 TL Salz, 1 Prise Pfeffer unterrühren und die Masse ca. 15 Min. ziehen lassen.

03 Inzwischen die Springform mit veganer Margarine einfetten. Etwas Mehl auf der Arbeitsfläche verteilen. Den Teig mit Mehl bestäuben, nochmals von Hand durchkneten und zu einem Kreis mit ca. 34 cm Ø ausrollen. Den Teig in die Form legen und den Rand andrücken. Den Backofen auf 200° vorheizen.

04 Den Räuchertofu in erbsengroße Würfel schneiden. Die Zwiebelmasse gleichmäßig auf dem Teig verteilen. Räuchertofu, Kümmel und die restliche Margarine (50 g) in Flocken darauf verteilen. Den Zwiebelkuchen im Ofen (Mitte) in ca. 40 Min. goldbraun backen. Lauwarm abkühlen lassen und servieren.

Dr Johannes moint:

Isst mr traditionell lauwarm ond zu em scheena Gläsle neia Wei' …

SALZKUCHEN

Salzkucha

5 Halme Schnittlauch
200 g vegane Crème-fraîche-Alternative
100 ml Hafercreme
1 EL Kümmelkörner
1 TL Salz
1 TL Pfeffer
300 g veganer Flammkuchenteig (aus der Kühltheke)

01 Schnittlauch waschen, trocken schütteln und in Röllchen schneiden. Créme-fraîche-Alternative, Hafercreme, Kümmel und Schnittlauch in einer großen Schüssel verrühren. Salz und Pfeffer dazugeben und alle Zutaten vermischen.

02 Den Backofen auf 180° vorheizen. Ein Backblech mit Backpapier belegen. Den Flammkuchenteig ausrollen und auf das Blech legen. Den cremigen Belag gleichmäßig auf dem Teig verteilen. Den Salzkuchen im Ofen (Mitte) in 10–15 Min. goldbraun backen.

03 Den Salzkuchen aus dem Ofen nehmen und mit einer Küchenschere oder einem Messer in Stücke schneiden. Stilecht serviert man ihn auf einem Holzbrett.

Für 4 Personen
Zubereitungszeit: 15 Min.
Garzeit: 20 Min.
Nährwerte pro Portion ca. 375 kcal, 8 g E, 21 g F, 37 g KH

Dr Dennis moint:

Die Elässor Kopie isch onder dem Nama »Flammkuchen« weltweid bekannd worda.

Wenn mr hoimkommt

VESPER

BAUERNBROT

Baurabrod

20 g frische Hefe (½ Würfel)
1 TL Zucker
250 g Weizenmehl (Type 550)
250 g Roggenmehl (Type 1150)
2 TL Salz
75 ml flüssiger Sauerteig

AUSSERDEM

Mehl zum Arbeiten

Für 1 Brot (ca. 20 Scheiben)
Zubereitungszeit: 25 Min.
Gehzeit: 1 Std. 45 Min.
Backzeit: 1 Std., Abkühlzeit: 1 Std.
Nährwerte pro Scheibe ca. 97 kcal,
3 g E, 0 g F, 20 g KH

01 Die Hefe in eine große Schüssel bröseln und mit 50 ml lauwarmem Wasser, dem Zucker und 2 EL Weizenmehl verrühren. Zugedeckt an einem warmen Ort ca. 15 Min. gehen lassen. Das restliche Weizenmehl, Roggenmehl, Salz, Sauerteig und 300 ml lauwarmes Wasser dazugeben. Alle Zutaten mit den Knethaken des Handrührgeräts in ca. 15 Min. zu einem glatten Teig verkneten. Den Teig zugedeckt an einem warmen Ort ca. 45 Min. gehen lassen.

02 Den Teig mit Mehl bestäuben, nochmals von Hand durchkneten und zu einem runden Laib formen. Auf ein mit Backpapier belegtes Backblech setzen und zugedeckt an einem warmen Ort ca. 30 Min. gehen lassen.

03 Den Backofen auf 250° vorheizen und eine ofenfeste Schale mit Wasser auf den Boden stellen. Den Brotlaib mit Wasser bestreichen und im Ofen (Mitte) ca. 15 Min. backen. Dann die Temperatur auf 200° reduzieren und das Brot in ca. 45 Min. knusprig und dunkelbraun backen. Herausnehmen und auf einem Gitter ca. 1 Std. abkühlen lassen.

Dr Johannes moint:

A gscheids Brod erkennd mr doa droa, dass es au a Woch' schbädor no essbar isch.

VESPERGURKEN

Feschborgurga

8–10 kleine Einlegegurken
250 ml Weißweinessig
1 EL Zucker
40 g Salz
2 Zwiebeln
2 TL getrockneter Dill
1 TL Wacholderbeeren
1 TL schwarze Pfefferkörner
3 Lorbeerblätter

AUSSERDEM

1 großes Schraubglas (ca. 800 ml Inhalt)

Für 4 Personen
Zubereitungszeit: 15 Min.
Ruhezeit: 2 Wochen
Nährwerte pro Portion ca. 44 kcal, 2 g E, 0 g F, 8 g KH

01 Die Gurken waschen und beiseitelegen. Essig und 500 ml Wasser in einem Topf zum Kochen bringen. Zucker und Salz mit einem Schneebesen einrühren und ca. 5 Min. köcheln lassen.

02 Inzwischen die Zwiebeln schälen und klein würfeln. Zwiebeln und Gurken in das Schraubglas geben. Dill, Wacholderbeeren, Pfefferkörner und Lorbeerblätter dazugeben.

03 Die Essigmischung auf die Gurken gießen. Das Glas sollte bis zum Rand gefüllt sein. Mit dem Deckel gut verschließen und das Glas kurz schütteln. Die Gurken abkühlen lassen.

04 Die Gurken im Kühlschrank ca. 2 Wochen durchziehen lassen. Die Vespergurken beispielsweise mit veganer Wurst- und Käse-Alternative und klein geschnittenem Gemüse als Vesperplatte servieren.

Dr Dennis moint:

Wirklich Geld gspart isch ned, wenn mr die selbor machd – en Tick bessor schmegga dähn se abor scho.

APFEL-ZWIEBEL-SCHMALZ

Apfl-Zwiebl-Schmalz

1 Zwiebel
1 TL Zucker
1 TL Salz
2 EL Weizenmehl
100 ml Öl (ersatzweise vegane Margarine)
1 säuerlicher Apfel (z. B. Boskop)
2 TL getrockneter Thymian
200 ml geschmacksneutrales Kokosöl

AUSSERDEM

Schraubglas (ca. 500 ml Inhalt)

01 Die Zwiebel schälen, fein würfeln und mit Zucker und Salz in einer Schüssel ca. 5 Min. ziehen lassen. Dann mit dem Mehl bestäuben.

02 In einer Pfanne das Öl erhitzen und die Zwiebel darin bei starker Hitze unter gelegentlichem Rühren in ca. 5 Min. goldbraun braten.

03 Inzwischen den Apfel waschen, vierteln, das Kerngehäuse entfernen und mit Schale in erbsengroße Würfel schneiden. Apfelwürfel und Thymian mit den Zwiebeln in der Pfanne verrühren. Die Mischung bei schwacher Hitze weitere 5 Min. dünsten.

04 Das Kokosöl zur Apfel-Zwiebel-Mischung geben und schmelzen lassen. Das flüssige Apfel-Zwiebel-Schmalz vorsichtig in das Schraubglas gießen oder schöpfen. Unter gelegentlichem Rühren ca. 2 Std. abkühlen lassen. Dann in den Kühlschrank stellen und unter gelegentlichem Rühren in ca. 3 Std. fest werden lassen.

Für 20 Portionen
Zubereitungszeit: 30 Min.
Kühlzeit: 5 Std.
Nährwerte pro Portion ca. 140 kcal, 0 g E, 15 g F, 2 g KH

Dr Johannes moint:

Uff em Bauernbrod a subbor Sach, als Eiskugel ned so wirklich – des hemmor für eich teschded.

WEIN

BLOSS AN GSCHEITER WEI
AM KAMEE EN DR GUATA STUB
OND SCHO BRENGT D'NAACHT FRAID

Während badischer Wein bekanntlich »von der Sonne verhöhnt« wird, bringen die Württemberger Lagen (im schwäbischen Hohenzollern ist bisher kein Weinanbaugebiet ausgewiesen) nur beste Tropfen für den Kenner hervor! Das könnte wohl auch der dreisteste **Luagabeitl** nicht behaupten, ohne dass vom heiligen Berg Bussen ein Blitz auf ihn gelenkt würde. Außerhalb seines Aufwuchs- und Verzehrreviers provoziert exemplarisch die bloße Nennung des grundbodenständigen Trollingers die wildesten Grimassen, nicht ganz zu Unrecht und nicht ganz unverschuldet. Der Name verweist als Abwandlung zum älteren »Tirolinger« auf den geografischen Ursprung.

In Südtirol war die zugrunde liegende Rebsorte Vernatsch lange dominant. In Württemberg ist es der Trollinger nach wie vor und er wird auch fast nur hier gezogen und gekeltert. Doch durch lieblose Umgangsformen wie die Maischeerhitzung wird der Charme des eigentümlich Regionalen des Öfteren entstellt.

Reha für den Trollinger

Mit dem süßlichen Geschmack von **Breschdlengsgsälz** (muttersprachlich für Erdbeermarmelade) hat sich die billige Ausgabe des schwäbischsten aller Weine Titel wie »dünne Schwabenmilch«, »farbloser Schwächling« (Weinjournal Falstaff) oder »mundzahmer Altmännerwein« (Jungwinzer Marcel Idler) eingehandelt. Inzwischen schaffen vermehrt subversive Winzer dem Grundsatz **vill hilft vill** entgegen und rehabilitieren den Trollinger als leichten, frischen und süffigen, aber durchaus charakterstarken Tropfen, einen idealen Begleiter zum deftigen Vesper.

Wein für Wandervögel

Beim weißen Schoppen (durchaus auch im Schwäbischen gebräuchliches, aber gegenüber dem Viertele unpräzises Hohlmaß) wirkt sich die berüchtigte schwäbische Preissensibilität weniger verheerend im Glase aus. Unsere vergleichsweise nördlichen Lagen sind bestens geeignet für populäre Rebsorten wie den Riesling oder auch die damit und besagtem Trollinger gekreuzte Neuzüchtung Kerner – benannt nach dem württembergischen Dichter Justinus Kerner, Texter des Wanderliedes »Wohlauf! Noch getrunken den funkelnden Wein!«. Es gibt also auch für – zumindest gemäßigte – **Entaklemmer** keinen überzeugenden Grund, das kurze Leben mit **Semsakrebsler** zu versauern.

Voulez-vous Wein vegan?

Um den Wein von Trübstoffen zu befreien, werden traditionell tierische Produkte wie Gelatine oder Fischblasen eingesetzt. Diese werden zunehmend kostenneutral ersetzt durch pflanzliche Proteine, etwa aus Erbsen oder Bohnen. Manche Winzer setzen bei der Klärung einfach auf das ehrwürdige Hilfsmittel Zeit. Vielleicht sind auch einige Veganer bei ihrem Lieblingstropfen großzügig in Kleinigkeiten und drücken einen **Glotzbeppel** zu.

EIN VIERTELE ZUM FRÜHSTÜCK

So huldigte der Stuttgarter Schauspieler und Sänger Oscar Müller (1921–2003) der typisch schwäbischen Darreichungsdosis des Rebensafts, die allerdings gefährdet ist – nicht nur in den oft von entwurzelten Exilschwaben geführten Beizen am Prenzlauer Berg, wo 0,2-Möbelhausgläser auf den Tisch geknallt werden. **A Viertele zom Frühstück, zwoi Viertele zur Nacht, ond zwischadurch a Viertele, so oft mer Pause macht!** *Müller wirkte u. a. in sieben »Tatort«-Folgen des Süddeutschen Rundfunks (heute SWR) und in der Fernsehserie »Schwäbische Geschichten« als Wurstfabrikant Bullinger mit.*

SEMSAKREBSLER

Eigentlich eine schöne Bezeichnung für einen selbst gezogenen Wein, der am **Sems**, *Fenstergesims,* **krebslet**, *also in aller Seelenruhe entlang- und emporrankt. Vor dieses idyllische Bild hat sich allerdings die Bedeutung einer liederlichen Pfütze geschoben, die man vielleicht noch bei* **Schweinerockhocketen** *mit saurem Sprudel entschärft im Halbliter-***Saukiebel** *als* **Containerschorle** *schlotzt.*

METT

Mätt

100 g Reiswaffeln
3 Zwiebeln
2 Knoblauchzehen
2 EL Tomatenmark
2 TL rosenscharfes Paprikapulver
2 EL Öl
Salz, Pfeffer

01 Die Reiswaffeln mit den Händen in eine Schüssel bröseln und 300 ml kaltes Wasser dazugeben. Die Masse umrühren und 10 Min. ziehen lassen.

02 Inzwischen 2 Zwiebeln und den Knoblauch schälen, fein würfeln und in die Schüssel geben. Tomatenmark, Paprikapulver und Öl dazugeben. Mit Salz und Pfeffer kräftig würzen. Alles mischen und im Kühlschrank ca. 15 Min. durchziehen lassen.

03 Inzwischen die restliche Zwiebel schälen, halbieren und in dünne Halbringe schneiden. Das vegane Mett pur oder auf Brot servieren und mit den Zwiebelringen garnieren.

Dr Johannes moint:

Für älle Veganor, die gern amoal widor en rohes Floisch beißa mechded.

Für 4 Personen
Zubereitungszeit: 20 Min.
Kühlzeit: 15 Min.
Nährwerte pro Portion ca. 175 kcal, 3 g E, 6 g F, 26 g KH

FLEISCHSALAT

Floischsalad

100 ml Sojadrink (ungesüßt)
1 TL Senf
1 EL Zitronensaft
200 ml Öl
Salz, Pfeffer
400 g vegane Fleischwurst-Alternative (in Scheiben)
180 g Gewürzgurken (aus dem Glas)
Zucker

01 Für die vegane Mayonnaise den Sojadrink auf Zimmertemperatur bringen. Zusammen mit dem Senf und dem Zitronensaft in einem hohen Rührbecher kurz mit einem Pürierstab mischen. Das Öl langsam dazugeben und dabei den Pürierstab von unten nach oben ziehen, bis eine cremige Mayonnaise entstanden ist. Die Mayo mit Salz und Pfeffer würzen.

02 Die vegane Fleischwurst-Alternative in ca. 5 mm breite Streifen schneiden. Die Gewürzgurken in kleine Stifte schneiden. Beides mit der veganen Mayonnaise und 1 Prise Zucker in einer Schüssel mischen und im Kühlschrank ca. 15 Min. durchziehen lassen. Den veganen Fleischsalat pur oder auf Brot servieren.

Dr Johannes moint:

Kriegt mr meischdens en em kloina Schäle beim Metzger – vielleichd ja au bald scho en vegan.

Für 4 Personen
Zubereitungszeit: 25 Min.
Kühlzeit: 15 Min.
Nährwerte pro Portion ca. 610 kcal, 5 g E, 63 g F, 4 g KH

SCHWÄBISCHE TELLERSÜLZE

Dellorsülz

FÜR DIE TELLERSÜLZE

250 g Mixed Pickles (aus dem Glas)
500 ml Gemüsebrühe
3 Lorbeerblätter
2 EL Weißweinessig
1 Pck. Agar Agar (10 g)

FÜR DIE BRATKARTOFFELN

700 g festkochende Kartoffeln
2 EL Öl
Salz, Pfeffer
4 Stängel Petersilie

AUSSERDEM

Auflaufform (15 × 30 cm)

01 Die Mixed Pickles in ein Sieb abgießen, abtropfen lassen und in kleine Stücke schneiden. Die Gemüsebrühe mit Lorbeerblättern und Essig zum Kochen bringen. Agar Agar einrühren und kurz aufkochen lassen.

02 Die Brühe in die Auflaufform gießen. Das Gemüse gleichmäßig darin verteilen. Die Tellersülze im Kühlschrank in ca. 8 Std. gelieren lassen.

03 Die Kartoffeln in einem Topf mit Wasser bedeckt ca. 15 Min. kochen. Abschrecken, pellen und in dünne Scheiben schneiden. Das Öl in einer Pfanne erhitzen und die Kartoffeln darin in ca. 8 Min. goldbraun braten. Mit Salz und Pfeffer würzen.

04 Die Petersilie waschen, trocken schütteln und die Blätter abzupfen. Die Tellersülze mit den Bratkartoffeln und Petersilienstängeln auf Tellern anrichten.

Dr Dennis moint:

Noach em Vierteljahrhondert woiß i endlich au, was Agar isch ond was mr doamit machd.

Für 4 Personen
Zubereitungszeit: 25 Min.
Kühlzeit: 8 Std.
Nährwerte pro Portion ca. 150 kcal, 5 g E, 3 g F, 25 g KH

SCHWÄBISCHER WURSTSALAT

Wurschdsalad

300 g vegane Fleischwurst-Alternative (in Scheiben)
1 Aubergine
5 EL Öl
Salz
4 rote Zwiebeln
8 Gewürzgurken
100 ml Gurkenwasser (Einlegeflüssigkeit der Gewürzgurken)
1 EL Maggi-Würze
3 Stängel Petersilie
Pfeffer

01 Die vegane Fleischwurst-Alternative in Streifen schneiden und in eine Schüssel geben. Die Aubergine waschen, putzen, zuerst in Scheiben schneiden und diese dann in dünne Streifen schneiden.

02 In einer Pfanne 1 EL Öl erhitzen und die Auberginenstreifen darin bei starker Hitze ca. 6 Min. anbraten. Mit Salz würzen und lauwarm abkühlen lassen.

03 Die Zwiebeln schälen und fein würfeln. Die Gewürzgurken längs halbieren und in Scheiben schneiden. Beides mit den Auberginenstreifen in die Schüssel geben und mischen.

04 Gurkenwasser, Maggi-Würze und das restliche Öl zum Wurstsalat gießen und alles gut verrühren. Die Petersilie waschen, trocken schütteln, die Blätter abzupfen und fein hacken. Die Petersilie unter den Wurstsalat mischen, mit Salz und Pfeffer abschmecken und auf Teller verteilen. Dazu passt schwäbisches Bauernbrot.

Dr Dennis moint:

En Wurschdsalad ond a Bier zom Feschbor – ond dor Schwoab isch zfrieda.

Für 4 Personen
Zubereitungszeit: 20 Min.
Ruhezeit: 25 Min.
Nährwerte pro Portion ca. 275 kcal, 6 g E, 22 g F, 11 g KH

ROTE MIT SENF
IM WECKLE

Raude Wuurschd

80 ml Öl
2 EL mittelscharfer Senf
2 EL Tomatenmark
250 g Seitanpulver
5 EL Hefeflocken
3 EL edelsüßes Paprikapulver
1 EL Koriandersamen
1 EL gemahlener Kümmel
2 EL Salz
1 EL gemahlener weißer Pfeffer
6 Reispapierblätter (ca. 50 g)
4 EL Öl
4 Brötchen (z. B. Baguettebrötchen oder Wasserbrötchen)
4 EL scharfer Senf

01 Das Öl mit 150 ml kaltem Wasser, Senf und Tomatenmark in einer Schüssel verrühren. In einer zweiten Schüssel das Seitanpulver mit Hefeflocken und Gewürzen mischen.

02 Die Senf-Tomatenmark-Mischung unter die Seitan-Gewürz-Mischung rühren. Alles mit den Händen ca. 5 Min. durchkneten. Den Backofen auf 220° vorheizen.

03 Die Seitanmasse in sechs Portionen teilen und auf Alufolie jeweils zu Würsten formen. Die Alufolie aufrollen, sodass die Würste vollständig eingewickelt sind. Die Folienenden verdrehen. Die Würste auf dem Ofengitter im Ofen (Mitte) in ca. 1 Std. 10 Min. gar backen.

04 Die Würste auswickeln. Die Reispapierblätter mit Wasser anfeuchten, jeweils eine Wurst darauflegen und einrollen. Das Öl in einer Pfanne erhitzen und die Würste darin in ca. 6 Min. knusprig braten. Die Brötchen aufschneiden und jeweils eine Wurst mit 1 EL Senf hineingeben.

Dr Dennis moint:

Ned bloß uffm Schbortplatz a sichre Sach.

Für 6 Personen
Zubereitungszeit: 30 Min.
Backzeit: 1 Std. 10 Min.
Nährwerte pro Portion ca. 545 kcal, 41 g E, 21 g F, 45 g KH

SCHWÄBISCHE PIZZABRIEGEL

Briegelschmiere

200 g Räuchertofu
200 g Champignons
1 Bund Petersilie
200 g vegane Reibekäse-Alternative
300 g vegane Crème-fraîche-Alternative
50 g vegane Margarine
100 ml Hafercreme
4 TL rosenscharfes Paprikapulver
5 EL Hefeflocken
Salz, Pfeffer
4 Briegel (ersatzweise Seelen)

01 Den Räuchertofu in erbsengroße Würfel schneiden. Die Pilze putzen und ebenfalls in erbsengroße Würfel schneiden. Die Petersilie waschen, trocken schütteln und die Blätter samt Stielen fein hacken.

02 Tofu, Pilze, Petersilie, vegane Käse-, Crème-fraîche-Alternative, Margarine und Hafercreme in einer großen Schüssel mischen. Mit Paprikapulver, Hefeflocken, 1 TL Salz und 1 Prise Pfeffer würzen. Die Briegelschmiere gut verrühren.

03 Den Backofen auf 220° vorheizen. Ein Backblech mit Backpapier belegen. Die Briegel längs halbieren. Die acht Briegelhälften auf das Backblech legen und die Briegelschmiere darauf verteilen. Im Ofen (oben) ca. 15 Min. backen, bis die Briegelschmiere verläuft und leicht knusprig wird.

04 Je zwei Briegelhälften auf die Teller legen und nach Belieben nochmals mit Salz und Pfeffer würzen.

Dr Johannes moint:

Mr sechd au Pizza-Briegel doazu. A bessors Party-Essa isch bis jetzt no ned erfonda worda.

Für 4 Personen
Zubereitungszeit: 25 Min.
Garzeit: 15 Min.
Nährwerte pro Portion ca. 885 kcal, 26 g E, 53 g F, 76 g KH

MINI-LEBERKÄS-KÄSEBRIEGEL

Kloine Läberkäs-Käsbriegl

FÜR DIE BRIEGEL

10 g frische Hefe (¼ Würfel)
½ TL Zucker
200 g Weizenmehl (Type 405)
50 g Dinkelmehl (Type 630)
½ TL Salz

FÜR DEN BELAG

600 g Räuchertofu
3 EL Öl (ersatzweise vegane Margarine)
Salz
16 Scheiben vegane Käse-Alternative
4 Zwiebeln

AUSSERDEM

Bier zum Bestreichen der Briegel (ersatzweise Wasser)
grobes Salz zum Bestreuen
½ TL Kümmelkörner

Für 4 Personen
Zubereitungszeit: 45 Min.
Gehzeit: 1 Std.
Backzeit: 30 Min.
Nährwerte pro Portion ca. 775 kcal, 37 g E, 38 g F, 70 g KH

01 Für die Briegel die Hefe in einer großen Schüssel mit 25 ml lauwarmem Wasser, Zucker und 1 EL Weizenmehl verrühren. Zugedeckt an einem warmen Ort ca. 15 Min. gehen lassen. Restliches Weizen-, Dinkelmehl, Salz und 150 ml lauwarmes Wasser dazugeben und alles mit den Knethaken des Handrührgeräts ca. 10 Min. kneten. Den Teig zugedeckt an einem warmen Ort 45 Min. gehen lassen.

02 Den Backofen auf 250° vorheizen. Ein Backblech mit Backpapier belegen. Aus dem Teig mit angefeuchteten Händen vier Briegel formen und auf das Backblech legen. Die Teiglinge mit Bier bestreichen, mit grobem Salz und Kümmel bestreuen. Die Briegel im Ofen (Mitte) ca. 15 Min. backen. Dann erneut mit Bier bestreichen und in ca. 5 Min. goldbraun und knusprig backen.

03 Inzwischen für den Belag den Tofu in ca. 1 cm dicke Scheiben schneiden. In einer Pfanne 1 EL Öl erhitzen und den Tofu mit 1 Prise Salz auf beiden Seiten scharf anbraten.

04 Die Briegel lauwarm abkühlen lassen. Die Backofentemperatur auf 220° einstellen. Die Briegel längs halbieren. Die Tofuscheiben auf den Briegelhälften verteilen und mit je 2 Scheiben veganem Käse belegen. Die Käsebriegel im Ofen (oben) in ca. 10 Min. goldbraun überbacken.

05 Inzwischen die Zwiebeln schälen, halbieren und in dünne Scheiben schneiden. In einer Pfanne das restliche Öl (2 EL) erhitzen und die Zwiebeln darin bei starker Hitze unter gelegentlichem Rühren ca. 5 Min. anbraten. Die Mini-Leberkäs-Käsebriegel mit den Zwiebelringen toppen.

Dr Johannes moint:

Spezialität ausm Oschdalbkreis – damit dor Körper joa ned an Fettmangel leidet.

So viel Platz isch emmor no

SÜSSES

APFELKÜCHLE
MIT VANILLEEIS

Apflkiachla mid Vanilleeis

FÜR DIE APFELKÜCHLE

2 EL Sojamehl
200 g Weizenmehl (Type 405)
50 g Zucker
2 TL Backpulver
Salz
100 ml Sojadrink (ungesüßt)
100 ml Mineralwasser mit Kohlensäure
50 g Apfelmus
4 säuerliche Äpfel (z. B. Boskop)

AUSSERDEM

ca. 200 ml Öl zum Frittieren
Zucker zum Bestreuen
Zimtpulver zum Bestreuen
4 Kugeln veganes Vanilleeis
Apfelentkerner

01 In einer großen Schüssel das Sojamehl mit 4 EL Wasser verrühren. Weizenmehl, Zucker, Backpulver, 1 Prise Salz, Sojadrink, Mineralwasser und Apfelmus dazugeben, alles mit einem Schneebesen zu einem glatten Teig verrühren. Den Teig zugedeckt ca. 10 Min. quellen lassen.

02 Die Äpfel schälen und mit einem Apfelentkerner die Kerngehäuse entfernen. Die Äpfel quer in ca. 1 cm dicke Scheiben schneiden. In einer Pfanne das Öl erhitzen, bis an einem eingetauchten Holzkochlöffelstiel Bläschen aufsteigen (dann ist es ca. 170° heiß).

03 Die Apfelringe mit einer Gabel in den Teig tauchen und in das heiße Öl legen. Portionsweise auf beiden Seiten in ca. 3 Min. goldbraun frittieren. Herausheben und auf Küchenpapier abtropfen lassen.

04 Die Apfelküchle auf Teller verteilen und jeweils mit Zucker und Zimtpulver bestreuen. Auf jeden Teller 1 Kugel veganes Vanilleeis geben.

Dr Johannes moint:

Für älle Feinschmeggor ondor de Schwoaba.

Für 4 Personen
Zubereitungszeit: 40 Min.
Nährwerte pro Portion ca. 670 kcal, 12 g E, 36 g F, 77 g KH

APFELSTRUDEL

Apflschdrudl

4 säuerliche Äpfel (z. B. Brettacher)
1 TL Zimtpulver
2 TL Zucker
50 g vegane Margarine
250 g Blätterteig (aus der Kühltheke)
50 g Puderzucker

AUSSERDEM

Auflaufform (ca. 24 × 14 cm)

01 Die Äpfel vierteln, schälen und die Kerngehäuse entfernen. Die Viertel in Scheiben und diese in kleine Stücke schneiden. Die Äpfel mit Zimt und Zucker mischen. Die Margarine in einer Pfanne schmelzen lassen.

02 Den Backofen auf 180° vorheizen. Den Blätterteig ausrollen und mit der Hälfte der Margarine beträufeln. Die Äpfel darauf verteilen, dabei links einen Rand frei lassen. Den Teig von rechts aufrollen. Den Apfelstrudel in die Auflaufform geben und mit der restlichen Margarine bestreichen.

03 Den Apfelstrudel im Ofen (Mitte) in ca. 30 Min. knusprig backen. Herausnehmen und in ca. 3 cm dicke Stücke schneiden. Auf jedem Teller zwei Scheiben anrichten und mit dem Puderzucker bestreuen. Am besten schmeckt der Apfelstrudel mit Vanillesauce.

Dr Dennis moint:

Dor beschde Apflschdrudl mached leidor ned die Schwoaba. I dääd en emmor en de Berg' essa.

Für 4 Personen
Zubereitungszeit: 30 Min.
Backzeit: 30 Min.
Nährwerte pro Portion ca. 460 kcal, 4 g E, 28 g F, 48 g KH

OFENSCHLUPFER

MIT VANILLESAUCE

Ofaschlupfr mid Vanillesoß

FÜR DEN OFENSCHLUPFER

1 Baguette vom Vortag (ersatzweise 3 Brötchen vom Vortag)
2 säuerliche Äpfel (z. B. Boskop)
2 EL Rosinen
5 EL Speisestärke
500 ml Mandeldrink (ungesüßt)
200 ml Sojacreme
1 TL Zimtpulver
6 EL Zucker
4 EL Mandelstifte
50 g vegane Margarine

FÜR DIE VANILLESAUCE

350 ml Mandeldrink (ungesüßt)
2 EL Zucker
1 TL Vanillepulver
200 ml Sojacreme
4 TL Speisestärke

AUSSERDEM

Auflaufform (ca. 25 × 20 cm)
vegane Margarine für die Form

Für 4 Personen
Zubereitungszeit: 40 Min.
Backzeit: 45 Min.
Abkühlzeit: 15 Min.
Nährwerte pro Portion ca. 845 kcal, 13 g E, 37 g F, 113 g KH

01 Das Baguette in ca. 1 cm dicke Scheiben schneiden. Die Äpfel waschen, vierteln und die Kerngehäuse entfernen. Die Viertel schälen und in ca. 5 mm dünne Schnitze schneiden. Die Auflaufform mit veganer Margarine einfetten. Ein Drittel des Baguettes, die Hälfte der Äpfel und 1 EL Rosinen in die Auflaufform schichten. Diese Schicht wiederholen und mit den restlichen Baguettescheiben bedecken.

02 Den Backofen auf 180° vorheizen. In einer Schüssel die Speisestärke mit 50 ml Mandeldrink verrühren. Sojacreme, restlichen Mandeldrink, Zimtpulver und 4 EL Zucker unterrühren. Die Mischung über die Schichten in der Auflaufform gießen. Mandelstifte, restlichen Zucker und vegane Margarine in Stückchen darauf verteilen. Den Ofenschlupfer im Ofen (Mitte) in ca. 45 Min. goldbraun backen.

03 Inzwischen für die Vanillesauce Mandeldrink, Zucker und Vanillepulver in einem Topf unter gelegentlichem Rühren 5 Min. köcheln lassen. Sojacreme mit der Speisestärke verrühren und in den Topf geben. Die Vanillesauce unter Rühren kurz aufkochen lassen, bis sie sämig wird.

04 Den Ofenschlupfer ca. 15 Min. abkühlen lassen und mit der warmen Vanillesauce anrichten.

Dr Johannes moint:

Leichdor wird mr alde Wegga ond Äpfel mit Magga schier ned los– außer vielleicht mit m Dennis seim Kirschamichel.

KIRSCHENMICHEL

Kirschamichl

FÜR DEN KIRSCHENMICHEL

1 Baguette vom Vortag (ersatzweise 5 Brötchen vom Vortag)
200 ml Haferdrink (ungesüßt)
350 g Sauerkirschen (aus dem Glas; Abtropfgewicht)
3 EL Zucker
1 TL Zimtpulver
20 g veganer Ei-Ersatz
50 g vegane Margarine
10 g Vanillezucker
1 Pck. Backpulver
50 g Semmelbrösel
20 g Puderzucker

FÜR DIE VANILLESAUCE

350 ml Mandeldrink (ungesüßt)
2 EL Zucker
1 TL Vanillepulver
200 ml Sojacreme
4 TL Speisestärke

AUSSERDEM

Auflaufform (25 × 20 cm)

Für 4 Personen
Zubereitungszeit: 40 Min.
Backzeit: 30 Min.
Nährwerte pro Portion ca. 670 kcal, 16 g E, 22 g F, 103 g KH

01 Für den Kirschenmichel das Baguette in ca. 1 cm dicke Scheiben schneiden und in einer Schüssel in dem Haferdrink ca. 10 Min. einweichen. Inzwischen die Kirschen in einem Sieb abtropfen lassen. Zucker mit Zimt mischen. Den veganen Ei-Ersatz mit 50 ml Wasser verrühren.

02 Den Backofen auf 180° vorheizen. Die Hälfte der Ei-Ersatz-Mischung, 1 EL Zimt-Zucker und Margarine in ein Schraubglas geben, alles gut verschütteln und über die Brotscheiben gießen. Die Brotmischung und die Kirschen in der Auflaufform verteilen.

03 Die restliche Ei-Ersatz-Mischung mit Vanillezucker und Backpulver verrühren und in die Form gießen. Semmelbrösel und übrigen Zimt-Zucker daraufstreuen, den Kirschenmichl im Ofen (Mitte) in 25–30 Min. knusprig backen.

04 Inzwischen für die Vanillesauce Mandeldrink, Zucker und Vanillepulver in einem Topf unter gelegentlichem Rühren 5 Min. köcheln lassen. Die Sojacreme mit der Speisestärke verrühren und in den Topf geben. Die Vanillesauce unter Rühren aufkochen lassen, bis sie sämig wird.

05 Den Kirschenmichel mit Puderzucker bestreuen und mit der warmen Vanillesauce auf Tellern anrichten.

Dr Dennis moint:

Weil alde Wegga viel z'schad zom Fortschmeißa sen'.

ZWETSCHGENKUCHEN

MIT SEMMELBRÖSELN UND SCHLAGSAHNE

Zwetschgakucha mid Semmlbresl ond Schlagsahne

FÜR DEN TEIG

10 g frische Hefe (¼ Würfel)
150 ml Sojadrink (ungesüßt)
60 g Zucker
250 g Weizenmehl (Type 405)
50 g vegane Margarine
Salz

FÜR DEN BELAG

1 kg Zwetschgen
150 g Semmelbrösel
150 g vegane Margarine
100 g Zucker

AUSSERDEM

200 ml aufschlagbare Pflanzencreme
Zucker (nach Belieben)
Mehl für die Arbeitsfläche

Für 16 Stücke
Zubereitungszeit: 50 Min.
Backzeit: 40 Min
Gehzeit: 1 Std. 15 Min.
Abkühlzeit: 30 Min.
Nährwerte pro Stück ca. 270 kcal, 4 g E, 13 g F, 34 g KH

01 Für den Teig die Hefe in einer großen Schüssel mit 50 ml lauwarmem Sojadrink, 1 TL Zucker und 1 EL Mehl verrühren. Zugedeckt ca. 15 Min. an einem warmen Ort gehen lassen. Das restliche Mehl, den übrigen lauwarmen Sojadrink, vegane Margarine, restlichen Zucker sowie 1 Prise Salz dazugeben und alles mit den Knethaken des Handrührgeräts in ca. 10 Min. glatt verkneten. Den Teig zugedeckt an einem warmen Ort ca. 45 Min. gehen lassen.

02 Inzwischen das Backblech mit Backpapier belegen. Für den Belag die Zwetschgen waschen, längs vierteln und dabei die Kerne entfernen. Etwas Mehl auf der Arbeitsfläche verteilen. Den Teig mit Mehl bestäuben, von Hand durchkneten und in Blechgröße ausrollen. Den Teig auf das Blech legen und zugedeckt 15 Min. gehen lassen.

03 In einer Schüssel Semmelbrösel, vegane Margarine und Zucker mit einer Gabel zu einer glatten Masse mischen.

04 Den Backofen auf 180° vorheizen. Den Teig mit den Zwetschgen belegen und diese dabei leicht eindrücken. Die Semmelbröselmischung auf die Zwetschgen streuen. Den Kuchen im Ofen (Mitte) ca. 40 Min. backen.

05 Den Zwetschgenkuchen ca. 30 Min. abkühlen lassen. Die aufschlagbare Pflanzencreme nach Belieben mit etwas Zucker steif schlagen und zum Zwetschgenkuchen servieren.

Dr Johannes moint:

Kaffee ond Kucha ohne Zwetschgakucha? Des koa koi gscheidor Gaschdgebor sei’!

LIKÖR

BRUDAL SIASS FIARS AUG MÄDLE WO SCHWÄBISCH SCHLOTZAT GRIAGSCH LUSCHT AUF BÄPPIG

Nachspeisen führt man sich bekanntlich nicht aus ernährungsphysiologischen Erwägungen zu Gemüte, sondern aus Genusstrieb, Lust am Schlemmen und weil für etwas Süßes **ällweil no en Blatz isch**. Ganz ähnlich verhält es sich mit dem Likör. Die Abgrenzung zum Schnaps ist in der EU scharf geregelt: Auf einen Liter branntweinhaltige Flüssigkeit müssen mindestens 100 Gramm Invertzucker oder ein entsprechend süßes Äquivalent kommen, dann handelt es sich bei dem Spaßmacher um Likör.

Fruchtig oder sahnig?

Sofern Konsumenten des Schlabberzeugs nicht ohnehin völlig wahllos sind, lassen sie sich entweder der fruchtigen oder der sahnigen Fraktion zuordnen. Mitglieder der ersten können mit heimischen Schlehen dem Likör ein schwäbisches Gschmäckle verleihen – auch wesentlich niedrigschwelliger, als selbst einen Schlehenbrand zu destillieren. Die sahnigen Schleckermäulchen müssen entweder etwas Kreativität aufwenden oder die Suchmaschine bemühen, um ohne Tierprodukte einen cremigen Tropfen zu zaubern. Ein veganer Eierlikör lässt sich zum Beispiel mit Vanillepudding auf Sojabasis, Schnaps, Zucker und Bourbon-Vanille zusammenrühren. Eine Prise Kala Namak (ein auch Schwarzsalz genanntes Gewürz, das in der ayurvedischen Küche Anwendung findet) verleiht mit seinen Schwefelverbindungen der Spirituose die gewisse Eiernote.

Heißer als der Hüpfer

Der Fantasie sind bei der Likörherstellung keine Grenzen gesetzt, auch **Huaschdaguatsle** können im Sprit aufgeweicht werden. Damit ist schon die Richtung gewiesen, wonach der Likör als durch Süße getarnter Hart-Alk im Ruf steht, beim Jungvolk, insbesondere beim weiblichen, die Fesseln der strengen schwäbischen Geschlechtsmoral zu lockern: **Mädle, i zahl dr no an Likeer, wirsch leichtsennig!** Unverblümt und öffentlichkeitswirksam auf den Punkt gebracht hat diesen Verdacht ein Start-up-Unternehmen aus dem oberschwäbischen Schemmerberg. Aus einer sprichwörtlichen Schnapsidee unter Freunden geboren wurde der Jochelbeerlikör Ficken, der seit 2007 bestehende 0,02-Liter-Klopfer wie Scharfer Hüpfer, Heiße Braut oder Flotter Otto in den Schatten stellt, zumindest vulgärsprachlich.

Entlastungszeuge Telefonbuch

Der Werberat rügte die Bezeichnung, da sie eine Begünstigung des sexuellen Erfolgs durch Alkoholkonsum suggeriere. Auch das Deutsche Patent- und Markenamt verweigerte die Eintragung der Marke und sah in dem Namen einen Verstoß gegen die guten Sitten. Das Bundespatentgericht gab jedoch dem Einspruch der jungen Spirituosenklitsche, seit 2010 in Laupheim angesiedelt, statt. In der Urteilsbegründung wurde nicht nur auf populäre Titel wie das Theaterstück »Shoppen und Ficken« verwiesen. Dutzende ehrbare Ficker finde man schließlich auch im Telefonbuch.

Schwäbisches F***en

Dialektologisch versierte Richter hätten auch anführen können, dass »ficken« im Schwäbischen noch seine ursprüngliche Bedeutung im Sinne von hin- und herbewegen oder -reiben nicht ganz eingebüßt hat wie im Standarddeutschen. Das Adjektiv fickerig, also z. B. auf einem Stuhl nervös umeinanderrutschend, ist nicht einmal mehrdeutig. **A alte Wildsau ficket ihr' Schwarte am a Boom** ist in der Chronik »900 Jahre Bußmannshausen« zu lesen. Dieses Dorf im Rottal liegt übrigens nur wenige Kilometer von besagtem Likörhersteller entfernt. Aber der Schwabe lässt auch Zufälle gelten: **Sacha geit's, die geit's gar it!**

LOLITA

Der bescheidene und grundsympathische Sonderschullehrer Wolle Kriwanek inspiriert mit seinem schwäbischen Blues über seinen viel zu frühen Tod hinaus zeitgenössische Bands, die im Dialekt singen. Die alte Stadionhymne des VfB »Stuttgart kommt!« steht bei den Fans mit dem Brustring nach wie vor hoch im Kurs. Sein Lied »Lolita« ist weniger bekannt, doch mit ein bisschen Gedankenakrobatik lässt sich ein Bezug zur halbseidenen Likörthematik konstruieren: **So wie du des drenksch, so wie du di schmenksch, goht des net!**

TRÄUBLESKUCHEN

Treibleskucha

150 g vegane Margarine
200 g gemahlene Haselnusskerne
40 g veganer Ei-Ersatz
400 g Weizenmehl (Type 550)
200 g Zucker
50 g Semmelbrösel
500 g Rote Johannisbeeren

AUSSERDEM

Springform (26 cm Ø)

Für 12 Stücke
Zubereitungszeit: 40 Min.
Backzeit: 45 Min.
Abkühlzeit: 30 Min.
Nährwerte pro Stück ca. 420 kcal, 8 g E, 21 g F, 48 g KH

01 Die Kuchenform mit ca. 30 g veganer Margarine einfetten. Den Boden der Form mit 75 g Haselnüssen bestreuen.

02 Den veganen Ei-Ersatz mit 80 ml Wasser verrühren. Mehl, die restliche Margarine, 75 g Zucker und ein Drittel des angerührten Ei-Ersatzes in einer Schüssel verkneten.

03 Den Backofen auf 200° vorheizen. Den Teig gleichmäßig in der Form verteilen. Ein weiteres Drittel der Ei-Ersatz-Mischung auf dem Teig verstreichen. Die Semmelbrösel mit 75 g Zucker und 75 g Haselnüssen mischen und auf die Ei-Ersatz-Schicht streuen. Den Boden im Ofen (Mitte) 15 Min. vorbacken.

04 Inzwischen die Johannisbeeren waschen, abtropfen lassen und von den Rispen streifen. Das restliche Drittel Ei-Ersatz mit dem übrigen Zucker (50 g) n einer Schüssel verrühren. Die Johannisbeeren mit den restlichen Haselnüssen (50 g) dazugeben und vorsichtig untermischen.

05 Den Kuchen aus dem Ofen nehmen und die Johannisbeerenmischung darauf verteilen. Den Träubleskuchen im Ofen (Mitte) in 25–30 Min. goldbraun backen. Herausnehmen und ca. 30 Min. abkühlen lassen.

Dr Dennis moint:

Es isch emmor die oigne Oma, die dor beschde Treibleskucha machd!

DAMPFNUDELN
MIT ZWETSCHGENKOMPOTT

Dampfnudla mid Zwetschgakopott

FÜR DIE DAMPFNUDELN

10 g frische Hefe (¼ Würfel)
220 ml Sojadrink (ungesüßt)
1 TL Zucker
200 g Weizenmehl (Type 405)
2 TL Salz
140 g vegane Margarine

FÜR DAS ZWETSCHGENKOMPOTT

500 g Zwetschgen
50 g Zucker
100 ml veganer Rotwein
1 Stange Zimt
2 Nelken

AUSSERDEM

Mehl für die Arbeitsfläche

01 Für die Dampfnudeln die Hefe in einer Schüssel zerbröseln und mit 20 ml lauwarmem Sojadrink, Zucker und 1 EL Mehl verrühren. Zugedeckt an einem warmen Ort ca. 15 Min. gehen lassen.

02 Das restliche Mehl, 1 TL Salz, 100 ml lauwarmen Sojadrink und 40 g vegane Margarine dazugeben. Alles mit den Knethaken des Handrührgeräts ca. 10 Min. kneten. Den Teig zugedeckt an einem warmen Ort ca. 45 Min. gehen lassen.

03 Den Teig auf der mit Mehl bestäubten Arbeitsfläche kurz von Hand durchkneten. In vier gleich große Stücke teilen und diese rund formen. Die Kugeln mit ausreichend Abstand auf die bemehlte Arbeitsfläche legen und leicht flach drücken. Zugedeckt ca. 30 Min. gehen lassen.

04 In einer hohen Pfanne mit Deckel die restliche vegane Margarine (100 g) schmelzen. Den übrigen Sojadrink (100 ml) dazugeben und das restliche Salz (1 TL) gleichmäßig darin verteilen. Kurz aufkochen lassen und die Teigkugeln mit ausreichend Abstand zueinander hineinlegen. Die Hitze reduzieren und die Dampfnudeln zugedeckt bei schwacher Hitze ca. 30 Min. garen. Den Deckel zwischendurch keinesfalls öffnen, da die Dampfnudeln sonst zusammenfallen.

05 Inzwischen für das Zwetschgenkompott die Zwetschgen waschen, längs vierteln und dabei die Kerne entfernen. In einem Topf den Zucker goldbraun karamellisieren. Den Topf vom Herd nehmen und den Karamell ca. 1 Min. abkühlen lassen. Den veganen Rotwein dazugeben und kurz aufkochen lassen, bis sich der Karamell auflöst. Zwetsch-

gen, Zimtstange und Nelken dazugeben und unter gelegentlichem Rühren offen bei schwacher Hitze in ca. 15 Min. sirupartig einkochen lassen. Zimtstange und Nelken entfernen.

06 Den Deckel der Pfanne öffnen. Falls der Sojadrink noch nicht vollständig eingekocht ist, die Dampfnudeln ohne Deckel weitergaren, bis sich am Boden eine Salzkruste gebildet hat. Die Dampfnudeln herausheben und mit dem warmen Zwetschgenkompott auf Tellern anrichten.

Dr Johannes moint:

Leid, die ihr Gosch sonschd ned halda kenned, sen' bei dem Gerichd ganz schnell ruhig.

Für 4 Personen

Zubereitungszeit: 50 Min.

Gehzeit: 1 Std. 30 Min.

Garzeit: 30 Min.

Nährwerte pro Portion ca. 575 kcal, 8 g E, 30 g F, 60 g KH

HEFEZOPF

Heffekranz

FÜR DEN HEFETEIG

20 g veganer Ei-Ersatz
1 kg Weizenmehl (Type 550)
150 g Zucker
4 Pck. Trockenhefe (ca. 30 g)
Salz
150 g vegane Margarine
40 g Rosinen
175 ml Haferdrink (ungesüßt)
175 ml Sojadrink (ungesüßt)

AUSSERDEM

50 g vegane Margarine
2 EL Hagelzucker
Mehl für die Arbeitsfläche

01 Für den Hefeteig den veganen Ei-Ersatz mit 20 ml Wasser anrühren. Mehl, Zucker, Trockenhefe und 1 Prise Salz in einer großen Schüssel verrühren. Margarine, Rosinen, Hafer- und Sojadrink dazugeben und alles mit den Händen zu einem Teig verkneten. Zugedeckt ca. 1 Std. ruhen lassen.

02 Den Hefeteig auf der mit Mehl bestäubten Arbeitsfläche kurz durchkneten. Dritteln und die Stücke zu gleich langen Strängen formen. Die Stränge an einem Ende zusammenlegen und zu einem Zopf flechten. Den Hefezopf auf ein mit Backpapier belegtes Backblech geben.

03 Den Backofen auf 200° vorheizen. Die Margarine in einer Pfanne schmelzen lassen. Den Hefezopf mit der Margarine bestreichen, mit Hagelzucker bestreuen und im Ofen (Mitte) in 20–30 Min. goldbraun backen.

04 Den Hefezopf auf einem Kuchengitter ca. 15 Min. abkühlen lassen. Den Hefezopf in Scheiben schneiden und nach Belieben mit veganer Margarine oder Butter servieren.

Dr Dennis moint:

Kehrt genauso zur klassischa Kaffeefahrd wie die Hoizdecke.

Für 1 Zopf (ca. 20 Scheiben)
Zubereitungszeit: 15 Min.
Ruhezeit: 1 Std.
Backzeit: 30 bis 40 Min.
Abkühlzeit: 15 Min.
Nährwerte pro Scheibe ca. 297 kcal, 8 g E, 9 g F, 46 g KH

NONNENFÜRZLE

Nonnafurzla

FÜR DEN TEIG

150 ml Haferdrink (ungesüßt)
150 ml Sojadrink (ungesüßt)
80 g vegane Margarine
300 g Weizenmehl (Type 550)
2 EL Zucker
1 EL Speisestärke
gemahlene Kurkuma

AUSSERDEM

200 ml Öl zum Frittieren
50 g Puderzucker zum Bestäuben

01 Für den Teig Haferdrink, Sojadrink und vegane Margarine in einem Topf aufkochen lassen. Das Mehl unter ständigem Rühren dazugeben und den Topf vom Herd nehmen.

02 Den Teig in eine große Schüssel geben. Zucker, Speisestärke und 1 Prise Kurkuma untermischen. Den Teig auf der Arbeitsfläche ca. 1 cm dick ausrollen, in ca. 2 × 3 cm große Rechtecke schneiden und diese zu Kugeln formen.

03 Das Öl in einem Topf erhitzen, bis an einem hineingetauchten Holzkochlöffelstiel Bläschen aufsteigen (dann ist es ca. 170° heiß). Die Teigkugeln hineingeben und in ca. 4 Min. goldbraun ausbacken.

04 Die Nonnenfürzle mit dem Schaumlöffel aus dem Öl heben und auf Küchenpapier abtropfen lassen. Mit Puderzucker bestäuben und am besten warm servieren.

Dr Dennis moint:

Wie die Schwoaba wohl scho widor uff so en Nama komma sen'?

Für 4 Personen
Zubereitungszeit: 30 Min.
Nährwerte pro Portion ca. 690 kcal, 12 g E, 39 g F, 75 g KH

Dankschee ond Adee!

Wie habt ihr drei Burschen denn zusammengefunden?

JFK: Die zwei pfiffigen Küchenschaben hatten mich für einen schwäbischen Videoprolog angeheuert. Arbeit zieht Arbeit nach sich!

JB+DD: Eigentlich suchten wir nur einen ebenbürtigen Trinkgefährten … Wir beide kennen uns über die Burda Journalistenschule.

Woher kommt eure Obsession für den schwäbischen Dialekt?

JFK: Meh aus da Kuttla wia aus em Hirn.

DD: Mich inspirierte das wohlklingende Gebruddel meiner Oma!

JB: Was ist eine Obsession??

Wem wollt ihr noch Dankschee sagen?

JFK: Meinen Eltern dafür, dass sie 1984 aus der Stuttgarter Stadtlandschaft mit uns drei Kindern aufs Land zogen.

JB: Meiner Freundin Fabienne, meinen Eltern Brigitte und Klaus, meinem Bruder Steffen, meiner Oma Klara.

DD: Heidenai, jetzt isch ja gar koin Platz meh!

REGISTER

F

G

H

J/K

L

M

T

V/W

Z

APPETIT AUF MEHR?

ISBN 978-3-8338-8402-3

ISBN 978-3-8338-7982-1

ISBN 978-3-8338-2201-8

ISBN 978-3-8338-8263-0

ISBN 978-3-8338-8585-3

ISBN 978-3-8338-7302-7

Alle hier vorgestellten Bücher sind auch als eBook erhältlich.

GU

Mehr von GU auf **www.gu.de** und **facebook.com/gu.verlag**

LIEBE LESERINNEN UND LESER,

wir wollen Ihnen mit diesem Buch Informationen und Anregungen geben, um Ihnen das Leben zu erleichtern oder Sie zu inspirieren, Neues auszuprobieren. Wir achten bei der Erstellung unserer Bücher auf Aktualität und stellen höchste Ansprüche an Inhalt und Gestaltung. Alle Anleitungen und Rezepte werden von unseren Autoren, jeweils Experten auf ihren Gebieten, gewissenhaft erstellt und von unseren Redakteur*innen mit größter Sorgfalt ausgewählt und geprüft.

Haben wir Ihre Erwartungen erfüllt? Sind Sie mit diesem Buch und seinen Inhalten zufrieden? Wir freuen uns auf Ihre Rückmeldung. Und wir freuen uns, wenn Sie diesen Titel weiterempfehlen, in Ihrem Freundeskreis oder bei Ihrem Online-Kauf.

Sollten wir Ihre Erwartungen so gar nicht erfüllt haben, tauschen wir Ihnen Ihr Buch jederzeit gegen ein gleichwertiges zum gleichen oder ähnlichen Thema um.

KONTAKT ZUM LESERSERVICE

GRÄFE UND UNZER VERLAG
Grillparzerstraße 12
81675 München
www.gu.de

GRÄFE UND UNZER

Ein Unternehmen der
GANSKE VERLAGSGRUPPE

IMPRESSUM

der GRÄFE UND UNZER VERLAG GmbH, www.gu.de

ISBN 978-3-8338-8844-1

2. Auflage 2023

Die GU-Homepage finden Sie unter www.gu.de

Projektleitung: Nathalie Künzl
Lektorat: Gertrud Köhn
Bildredaktion: Natascha Klebl, Nafsika Mylona
Gestaltung: ki36 Editorial Design, München, Sabine Krohberger
Herstellung: Petra Roth
Satz: Gertrud Köhn
Reproduktion: Longo AG, Bozen
Druck und Bindung: Firmengruppe APPL, aprinta druck, Wemding

Umwelthinweis
Nachhaltigkeit ist uns sehr wichtig. Der Rohstoff Papier ist in der Buchproduktion hierfür von entscheidender Bedeutung. Daher ist dieses Buch auf PEFC-zertifiziertem Papier gedruckt. PEFC garantiert, dass ökologische, soziale und ökonomische Aspekte in der Verarbeitungskette unabhängig überwacht werden und lückenlos nachvollziehbar sind.

Bildnachweis
Tina Engel: Cover, alle Fotos im Innenteil außer:
Simone Hörmann: Autorenporträts, z. B. S. 9-13
Sabine Krohberger: Autoren-Illustrationen, z. B. S. 9–13
Lukas Müller: S. 138 (oben li. u. re., Mitte re.)
Ralph Schank: S. 138 (unten li. u. re.)
Hanna Stauß: S. 20–21, S. 72–73, S. 138 (Mitte o., Mitte u.)
Adobe Stock: S. 49, S. 88
iStock: Mikrofon, z. B. S. 21, S. 36, S. 130
Getty Images: S. 110
The Noun Project: Zeigefinger, z. B. S. 37
Seasons Agency: S. 48
Syndication: www.seasons.agency

Backofenhinweis
Unsere Temperaturangaben, wenn sie nicht anders angegeben sind, beziehen sich auf das Backen im Elektroherd mit Ober- und Unterhitze. Die Backzeiten können je nach Herd variieren. Details entnehmen Sie bitte der Bedienungsanleitung Ihres Backofens.